D1731177

Resch · Schulte-Markwort (Hrsg.)

Kursbuch für integrative Kinder- und Jugendpsychotherapie

Franz Resch · Michael Schulte-Markwort (Hrsg.)

Kursbuch für integrative Kinder- und Jugendpsychotherapie

Schwerpunkt: Adoleszenz

Anschrift der Herausgeber:

Prof. Dr. Franz Resch
Klinikum der Universität Heidelberg
Zentrum für psychosoziale Medizin
Klinik für Kinder- und Jugendpsychiatrie
Blumenstr. 8
D-69115 Heidelberg
E-Mail: franz_resch@med.uni-heidelberg.de

Prof. Dr. Michael Schulte-Markwort
Universitätsklinikum Hamburg-Eppendorf
Zentrum Frauen-, Kinder- und Jugendmedizin
Klinik und Poliklinik für Kinder- und Jugend-
psychosomatik
Martinistr. 52
D-20246 Hamburg
E-Mail: schulte.markwort@uke.uni-hamburg.de

Wissenschaftlicher Beirat:

Prof. Dr. Dieter Bürgin, Basel
Prof. Dr. Manfred Döpfner, Köln
Prof. Dr. Beate Herpertz-Dahlmann, Aachen
Prof. Dr. Ulrike Lehmkuhl, Berlin
Prof. Dr. Inge Seiffge-Krenke, Mainz
Prof. Dr. Andreas Warnke, Würzburg

1. Auflage 2008

© Beltz Verlag, Weinheim, Basel 2008
Programm PVU, Psychologie Verlags Union
http://www.beltz.de

Lektorat: Karin Ohms
Herstellung: Julia Lütge
Umschlaggestaltung: Federico Luci, Odenthal

Umschlagbild: Jan-Simon Andersen, Leon Aumann, Helen Begovic, Tim Brödermann, Anna-Julia Düttmann, Jakob Eggert, Oscar Engelhardt, Friedrich Locke, Sina Götze, Henry-Luca Heinemann, Sabine Koch (Lehrerin), Nicolas Kottmeier, Tom Leonhardt, Antonia Loeck, Christoph Martius, Anisja Porschke, Julia Prein, Constantin Reusch, Jannluis Rosenboom, Vinzenz Schulte-Markwort, Nicola Schüschke, Leonie Schütt, Frederik Seidel, Adrien Seiler, Josephine von Sothen, Jens-Ole Steiner, Charlotte Teske

Satz und Bindung: Druckhaus „Thomas Müntzer", Bad Langensalza
Druck: Druck Partner Rübelmann, Hemsbach

Printed in Germany

ISBN 978-3-621-27633-4 (Einzel- und Fortsetzungsbezug)

Inhalt

Aktuelle Entwicklungen in den Therapieschulen

Forum: Adoleszenz

Kasuistiken

13 Kasuistik III: Tiefenpsychologisch fundierte Behandlung einer Jugendlichen 117

Susanne Schlüter-Müller

Anhang

Einleitung

Franz Resch · Michael Schulte-Markwort

Die Adoleszenz als Übergangszeit zwischen Kindheit und Erwachsenenalter vereint wie in einem Brennglas unterschiedliche Sichtweisen, Wissensrichtungen und Problemlinien der gegenwärtigen Gesellschaft. Was macht die Entwicklung der Jugendlichen aus? Woraus begründen sich die Probleme der Jugendlichen – aus Natur oder Kultur? Wie sind die Geschlechtsunterschiede in Anpassungsmöglichkeiten und -problemen zu interpretieren? Der Begriff der Risikoverhaltensweisen verweist auf komplexe Begründungszusammenhänge von psychischen Problemen im Jugendalter. Sind Jugendkrisen normal? Die Forschung zeigt, dass der Übergang ins Erwachsenenalter in der Mehrzahl der Fälle auch ganz undramatisch ohne krisenhafte Zuspitzung gelingen kann. Gleichwohl ist es notwendig, jugendliche Erlebens- und Verhaltensprobleme ernst zu nehmen und nicht mit kurzen Hinweisen auf klassische Pubertätsprobleme abzutun. Denn solche Bagatellisierung führt nicht selten zur Verkennung schwerer Krankheitsentwicklungen und durch Verzögerung eines Behandlungsbeginns zur Chronifizierung des Verlaufs. Die Adoleszenz in der Vielfalt von Entwicklungszusammenhängen, Risiken, Störungsdefinitionen, Störungsfrüherkennung und -behandlung darzustellen war unser Ziel. In dieser Vielschichtigkeit können auch professionelle Kontroversen nicht ausbleiben. Diese fair und klar zu präsentieren ist unser Bemühen. Das soll der Ausgangspunkt für unsere Leser sein, sich selbst ein Bild zu machen, und ihren eigenen professionellen Standpunkt zu untermauern.

Dies ist das fünfte Kursbuch dieser Serie zur Psychotherapie im Kindes- und Jugendalter. Möge es den Erfolg haben, der den Verlag zu neuen Ausgaben des Kursbuches motiviert. Unser spezieller Dank gilt Frau Dr. Berger und Frau Ohms vom Beltz Verlag, die uns immer in hervorragender Weise unterstützt haben. Wir danken auch den Schülern der Internationalen Schule für die Gestaltung des Covers und hoffen, zum Verständnis der Adoleszenz einen kleinen Beitrag zu leisten.

Heidelberg/Hamburg im März 2008

Franz Resch &
Michael Schulte-Markwort

Reviews: Entwicklungsneurobiologische Grundlagen

▋ Einführung zu den Reviews

Michael Schulte-Markwort · Franz Resch

Die Adoleszenz ist eine Lebensphase, die von psychischem und somatischem Umbau in einem Ausmaß gekennzeichnet ist, wie er wohl weder vorher noch nachher im menschlichen Leben wirksam wird. Lange Zeit haben wir diese Lebensphase primär unter psychologischen Gesichtspunkten betrachtet. Mit zunehmendem Erkenntnisgewinn der so genannten biologischen Forschung erweitert sich unser Wissen über die Pubertät als ein Bestandteil der Adoleszenz dramatisch.

Jedes Verhalten und jede Emotion hat ein spezifisches biologisches Korrelat. Dabei ist es müßig zumindest auf der Grundlage unseres derzeitigen Wissens darüber zu streiten, was von beiden Komponenten zuerst wirksam wird oder gar „wichtiger" ist. In dem Beitrag in von Romuald Brunner und Franz Resch wird genau diese enge Verschränkung von Neurobiologie und Psychologie deutlich. Auch die Reduktion menschlichen Verhaltens auf genetische Grundlagen wird obsolet, wenn im Zusammenspiel zwischen primärer Genexpression, sekundärer Proteinsynthese aufgrund von Umweltvariablen und Erleben und Emotion eines Jugendlichen sein Verhalten resultiert und wiederum Rückwirkungen auf alle Komponenten hat. Immerhin verdanken wir neurobiologischen Forschungserkenntnissen zum Beispiel ein verändertes Verständnis von Reifungsprozessen, die im Gehirn offensichtlich weit über das 18. Lebensjahr hinausgehen, und wir weltweit politisch-juristisch den Übergang in das Erwachsenenalter zu (?) früh ansetzen.

Neben einer biologischen Betrachtung der Adoleszenz ist auch immer wieder der Blick auf epidemiologische Wirklichkeiten hilfreich. In dem Beitrag von Ulrike Ravens-Sieberer, Michael Erhart und Nora Wille wird deutlich, wie Gesundheit beziehungsweise Gesundheitseinschränkung in dieser Lebensphase wirkt und was die zunehmende Verschiebung von akuter hinzu chronischer Erkrankung bedeutet. Neben den objektivierbaren Daten zu Häufigkeit und Verteilung von Krankheit gewinnt die Beachtung so genannter subjektiver Daten wie subjektive Gesundheit, krankheitsbezogene Lebensqualität oder allgemeine Lebensqualität immer mehr an Bedeutung. Der Einbezug von Risiko- und Schutzfaktoren spielt für die Implementierung präventiver Maßnahmen eine entscheidende Rolle.

2 Biologie der Adoleszenz: Gründe für eine geschlechtsspezifische Psychopathologie

Romuald Brunner • Franz Resch

Der Übergang vom Kind zum Erwachsenen ist durch die Entwicklungsphase der Adoleszenz und Pubertät gekennzeichnet.

Definition

Die Phase der **Adoleszenz** umfasst überwiegend die Altersspanne zwischen 12 und 18 Jahren und ist insbesondere durch die soziale und kognitive Reifung definiert.

Die Phase der **Pubertät** wird vor allem aus endokriner Perspektive betrachtet, in der sich durch die hormonellen Änderungen die Reproduktionsfähigkeit und ihre sichtbaren körperlichen Veränderungen entwickeln.

1 Neuronale und hormonelle Grundlagen der Pubertätsentwicklung

Neue Untersuchungsergebnisse über den extensiven Umbau des Gehirns in der Adoleszenz haben jedoch den wissenschaftlichen Fokus auf die neuronalen Grundlagen der Pubertäts- und Altersentwicklung verschoben, bei denen vor allem auch interagierende Effekte zwischen der Hormonproduktion und Hirnentwicklung betrachtet werden (vgl. Sisk & Foster, 2004; Spear, 2000; Walker et al., 2004). Die gonadale sowie die verhaltensmäßige Reifung erscheinen als zwei distinkte hirngesteuerte Prozesse mit getrennten Entwicklungszeitpunkten und neurobiologischen Mechanismen, die jedoch eng durch zahlreiche Interaktionen zwischen dem Nervensystem und den gonadalen (Estradiol, Progesteron, Testosteron) Stereoidhormonen verbunden sind (Sisk & Foster, 2004).

Auch die „normale" adoleszentäre Entwicklung ist häufig begleitet von vorübergehenden emotionalen Problemen und Verhaltensproblemen. Problematische Verhaltensweisen, häufig im Verbund mit Risikoverhaltensweisen oder auch Stimmungsschwankungen werden sowohl von den betroffenen Jugendlichen selbst als auch ihren Eltern beschrieben. Während für die einen Jugendlichen die Symptomatiken/Auffälligkeiten als Anpassungsprobleme (an die körperlichen Veränderungen und sozialen Herausforderungen, mit denen Jugendliche konfrontiert sind) imponieren, stellen diese Probleme bereits für andere Jugendliche das Prodromalstadium oder den Beginn einer manifesten psychiatrischen Erkrankung dar (Walker et al., 2004).

Epidemiologische Studien

Eine der weltweit größten epidemiologischen Studien (Kessler et al., 2005) in den USA konnte belegen, dass nahezu die Hälfte der im Erwachsenenalter bestehenden psychiatrischen Erkrankungen ihren Beginn um das 14. Lebensjahr herum hatten und das der Altersmedian für Angst- und Impulskontrollstörungen bei einem Lebensalter von elf Jahren lag. Diese Befunde legen nahe, dass viele psychische Störungen ihre Wurzeln in der biologischen und sozialen Reifungsphase der Adoleszenz haben. Gleichzeitig ist zu beobachten, dass nicht nur die allgemeine Morbidität psychischer Störungen ab der Adoleszenzphase zunimmt, sondern dass z. B. die internalisierenden Störungen in ihrer Prävalenz sich ab der Pubertät geschlechtsspezifisch verändern bzw. zunehmen. Während die depressiven Störungen vor dem zwölften Lebensjahr in beiden Geschlechtern annähernd gleich verteilt ist, übersteigt die Prävalenz der depressiven Störungen in der Adoleszenz bei jungen Mädchen das Zwei- bis Dreifache und besteht bis ins fortgesetzte Lebensalter (bis ca. zum 55. Lebensjahr) ununterbrochen fort.

Zur geschlechtsspezifischen Häufung und deren Wandel im Entwicklungsverlauf geben auch die Heidelberger Schulstudien Auskunft (Haffner et al., 2001, 2006). Im Rahmen dieser Schulstudien wurden im Abstand von ca. vier Jahren sämtliche erfassbaren Schüler des Rhein-Neckar-Kreises (Stadt Heidelberg und umliegende Gemeinden) vom sechsten bis 15. Lebensjahr in drei Querschnittserhebungen untersucht. Am ersten Untersuchungszeitpunkt (1996; Altersdurchschnitt 6/7 Jahre; N = 5698) wurden Kinder zum Zeitpunkt der Einschulungs-

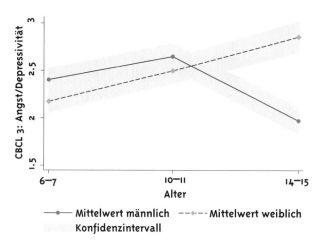

Abbildung 2.1. Mittelwerte der Syndromskala Angst/Depressivität der Child Behavior Checklist zu drei Messzeitpunkten bei Mädchen und Jungen (Heidelberger Schulstudie; Haffner et al., 2006)

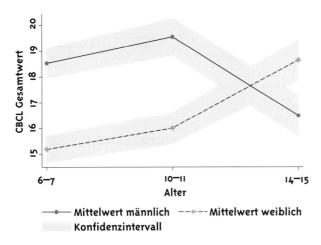

Abbildung 2.2. Durchschnittliche Gesamtwerte der Child Behavior Checklist zu den Messzeitpunkten bei Mädchen und Jungen (Heidelberger Schulstudie; Haffner et al., 2006)

untersuchung erfasst. Die zweite Erhebung (2000; Altersdurchschnitt 10/11 Jahre; N = 5259) wurde am Ende des Besuches der vierten Schulklasse durchgeführt. Die dritte Erhebung erfolgte in der 9. Klassenstufe (2005, Durchschnittsalter 14/15 Jahre, N = 5832). Neben soziodemographischen Daten wurden u. a. körperbezogene Informationen, Medienkonsum und Freizeitverhalten sowie das Ausmaß emotionaler Probleme und Verhaltensauffälligkeiten durch eine Einschätzung der Eltern mit Hilfe der Child Behavior Checklist (Döpfner et al., 1994) erhoben. Die Abbildungen 2.1 und 2.2 zeigen die Häufigkeit der Verteilung des mittleren Fragebogenwertes zu allen drei Messzeitpunkten.

Daraus wird ersichtlich, dass das Ausmaß von Angstsymptomen und depressiven Symptomen zwischen dem 6./7. und 10./11. Lebensjahr beinahe geschlechtsübergreifend gleichermaßen leicht ansteigt; jedoch bei den Jungen zwischen dem 10./11. und 14./15. Lebensjahr abfällt und bei den Mädchen stark ansteigt. Abbildung 2.2 zeigt weiter, dass im Grundschulalter die allgemeine Problembelastung bei Jungen im Vergleich zu Mädchen deutlich höher ist und eine Umkehrung während der Pubertätsentwicklung auftritt. Auch wenn der Fragebogen „nur" Symptome und Auffälligkeiten widerspiegelt und keine Häufigkeit von Diagnosen darstellt, entspricht dieser empirische Befund auch den klinischen Beobachtungen und Untersuchungen, die nachweisen konnten, dass psychiatrische Hilfen im Grundschulalter zu zwei Dritteln von Jungen in Anspruch genommen werden und während in der Pubertät zwei Drittel aller Inanspruchnahmen aus jugendlichen Mädchen besteht. Ein Großteil der geschlechtsspezifisch erhöhten Morbidität bei Mädchen geht auf die Entwicklung einer Angst- und Depressionssymptomatik zurück. Daher sollen im Weiteren die theoretischen Modelle und ihre empirischen Evidenzen für die Entwicklung depressiver

Störungen – insbesondere bei Mädchen – vor dem Hintergrund biologischer Einflüsse der Pubertätsentwicklung näher betrachtet werden.

2 Depressive Störungen bei Mädchen

Depressive Störungen finden sich bei Mädchen ab dem 13./14. Lebensjahr mehr als doppelt so häufig wie bei Jungen (Seiffge-Krenke, 2007). Von der Phänomenologie her zeigt sich auch eine geschlechtsdifferente depressive Symptomatik (Bennett et al., 2005). So dominieren bei Mädchen Schuldgefühle, Unzufriedenheit mit dem Körper, Stimmungslabilität, Niedergeschlagenheit, Schlafprobleme und kognitive Probleme, während bei Jungen häufiger ein Interessensverlust, Freudlosigkeit und Tagesschwankungen der Stimmung beschrieben wurden. Empirische Untersuchungen (vgl. Hayward & Sanborn, 2002) konnten zeigen, dass das Pubertätsstadium und nicht das chronologische Alter als der stärkste Prädiktor für die Entwicklung von Angststörungen, depressiven Störungen und Essstörungen bei Mädchen gilt. In diesem Zusammenhang wird auch das vermehrte Auftreten von emotionalen Störungen und expansiven Störungen bei Mädchen mit einem verfrühten Pubertätsbeginn gesehen.

Hormonelle Veränderungen in der Pubertät
Worin könnte die geschlechtsspezifische Vulnerabilität bei depressiven Störungen liegen? Warum spielen die hormonellen Veränderungen eine so große Rolle in der Entstehung einer Psychopathologie?

Auch wenn das Verständnis für die große Bandbreite der biologischen Prozesse, insbesondere der hormonellen Prozesse, die die Pubertät begleiten, bisher noch unzureichend entwickelt ist, besteht jedoch zunehmend Evidenz darüber, dass die hormonelle Kaskade zusammen mit genetischen Einflüssen die Entwicklung der Hirnstruktur und -funktion beeinflusst und dass dieser Prozess die Vulnerabilität für die Entwicklung einer Psychopathologie darstellt (Walker et al., 2004).

Interaktion gonadaler Hormone mit der HPA-Achse. Da ein negativer Affekt bei 10- bis 14-jährigen Mädchen mit dem Anstieg des Östrogenspiegels korreliert (Hayward & Sanborn, 2002), wurde der differente Östrogenspiegel für das vermehrte Auftreten depressiver Symptome in dieser Altersgruppe angesehen. Die Einflüsse der gonadalen Hormone auf eine psychische Störung werden jedoch erst verständlich, wenn die Interaktionen mit den Neurotransmittersystemen der HPA-Achse sowie der ZNS-Organisation verstanden werden (Hayward & Sanborn, 2002). Studien, die bei Mädchen die Beziehung zwischen Östrogen, Testosteron, Gonadotropin und der HPA-Achse und internalisierenden Störungen untersuchten, waren inkonsistent geblieben. Es konnten jedoch auch direkte modulierende Einflüsse der gonadalen Hormone auf die Neurotransmittersysteme (z. B. dem Serotoninsystem) nachgewiesen werden. Auch interagieren die gonadalen Hormone mit anderen Hormonsystemen wie der HPA-Achse (z. B. dem Cortisol). Dysregulationen der HPA-Achse werden auch mit einer Vulnerabilität für depressive Symptome und einer veränderten Stresssensititivät im Zusammenhang gesehen (Walker et al., 2004). Frühzeitige durch Erleben von Stress eingeleitete Sensivierungsprozesse der HPA-Achse könnten für eine im weiteren Lebenslauf erhöhte Vulnerabilität für stressbezogene psychiatrische Symptome verantwortlich sein. Auch ändert eine Veränderung in der Balance zwischen exitatorischen (Glutamat) und inhibitorischen (GABA) Neurotransmittern die ZNS-Reaktivität und in der Folge die Reaktivität auf äußere Reize. Gonadale Hormone verändern diese Balance und die Veränderungen wirken auf die Expression dieser Hormone zurück. Die veränderte Balance wurde auch mit der Genese depressiver Störungen und Angststörungen in Verbindung gebracht (Hayward & Sanborn, 2002).

GABA-erge Inhibition. Am Tiermodell wurden vermehrte Angstreaktionen in der Pubertätsphase mit einem veränderten Rezeptorverhalten GABA-erger Neurone – bedingt durch ein endogenes Steroid (Allopregnanolon), das in der Pubertät vermehrt ausgeschüttet wird – erklärt (Shen et al., 2007). Das Angsterleben ist reguliert durch eine GABA-erge Inhibition von limbischen Schaltkreisen. Durch das Vorliegen des endogenen Steroids Allopregnanolon wird diese Inhibition vor der Pubertät und im Erwachsenenalter beeinflusst. Nach diesem Tierexperiment wurde jedoch nur bei weiblichen Mäusen und nur in der Entwicklungsphase der Pubertät ein gegenteiliger Effekt bzgl. des Rezeptorverhaltens gefunden. Diese geschlechtsspezifische Anfälligkeit für ein vermehrtes Angsterleben in der Pubertät – so wurde spekuliert – könnte phylogenetisch auch Sinn machen (Mädchen hätten allen Grund, mit Beginn ihrer Reproduktionsfähigkeit vorsichtig zu sein).

Organisatorische und strukturelle Änderungen im Gehirn. Aufgrund ihrer multiplen ZNS-Wirkungen werden die gonadalen Hormone auch als neurosteroide oder neuroaktive Substanzen bezeichnet. Gonadale Hormone wirken nicht über den synaptischen Spalt, sondern über Diffusion in den extrazellulären Raum und können nicht nur die Struktur einzelner Neurone als auch die Aktivität neuronaler Schaltkreise beeinflussen. Aktivierende und organisatorische Effekte auf das Gehirn wurden beschrieben (Hayward & Sanborn, 2002). Aktivierende Effekte (rezeptorvermittelt) sind als vorübergehend induzierte funktionale Änderungen in neuralen Schaltkreisen zu verstehen. Organisatorische Effekte bezeichnen strukturelle Änderungen im Gehirn. Die gonadalen Hormone beeinflussen sensorische Prozesse, die Aktivität des autonomen Nervensystems und enzymaler Systeme (Walker et al., 2004). Rezeptoren für gonadale und adrenale (Cortisol, Aldosteron) Hormone haben insbesondere in Hirnregionen eine besondere Dichte, die für das emotionale Erleben und die Wahrnehmung sowie Interpretation für sensorische Informationen verantwortlich sind wie in der Struktur des Hypothalamus, Amygdala, Septum nucleus und Hippokampus (Walker et al., 2004).

Organisationseffekte lassen sich entgegen früherer Annahmen bis ins frühe Erwachsenenalter nachweisen und sind nicht nur auf die fetale Periode beschränkt, wo nachweislich die Geschlechtshormone die geschlechtsdismorphe Hirnentwicklung steuern (Buchanan et al., 1992). Es wurde die Fähigkeit der gonadalen Steroide beschrieben, überdauernde Struktur- und Funktionsveränderungen während spezifischer Entwicklungsfenster auszulösen (Hayward & Sanborn, 2002). Auch die strukturellen Hirnveränderungen in der Pubertät, insbesondere im Hypothalamus, der Amygdala und dem Kortex werden den gonadalen Steroiden zugeschrieben. Gonadale Hormone üben auch direkte modulierende Einflüsse auf Neurotransmittersysteme wie z. B. das Serotoninsystem aus und stellen damit auch einen Ansatzpunkt für Erklärungen vermehrt depressiven Erlebens unter einer verstärkten Sekretion gonadaler Hormone dar. Gonadale Hormone triggern die Expression von Genen; ein Prozess, der für normale wie auch pathologische Entwicklungsprozesse charakteristisch ist. Die Interaktion von gonadalen Steroidhormonen und zentralem Nervensystem steuert (neben den genetischen Einflüssen) den Übergang von der Pubertät ins Erwachsenenalter. Die Steroidhormone führen zu einer Umbildung und Aktivierung von neuralen Schaltkreisen/Hirnstrukturen. Die gonadalen Hormone bedingen erhebliche, zum Teil geschlechtsspezifische hirnmorphologische Änderungen. Die gonadale Reifung, der Umbau des Gehirns und die Verhaltensreifung sind zeitlich koordinierte Prozesse. Tiermodelle konnten zeigen, dass eine Unterbrechung/Änderung der zeitlichen Koordination die neuronale Entwicklung und das Verhalten im Erwachsenenalter (bzw. in späteren Lebensjahren) beeinflusst. In einer Längsschnittuntersuchung (Gogtay et al.. 2004), in der in zweijährigem Abstand Kinder und Jugendliche im Alter vom vierten bis zum 22. Lebensjahr in regelmäßigen Abständen magnetresonanztomographisch untersucht wurden, zeigen einen enormen Umbau des Gehirns im Entwicklungsverlauf und den interessanten Befund, dass vor allem präfrontale Reifungsvorgänge bis in die frühen 20er Jahre hineinreichen. Insbesondere der dorsolaterale präfrontale Kortex reift zuletzt aus (Giedd, 2004). Auch ist bekannt, dass die Zunahme der grauen Substanz im präfrontalen Kortex bei den Mädchen den Jungen um ein Jahr in der Pubertätsentwicklung voraus ist (Giedd, 2004). Eine Unreife bzw. Defizite in dieser Hirnstruktur sind mit Problemen der Verhaltens- und Impulssteuerung sowie der emotionalen Kontrolle in Verbindung gebracht worden. So könnte man schlussfolgern, dass die Abnahme von Verhaltens- und emotionalen Problemen im jungen Erwachsenenalter auch mit der Ausreifung spezifischer Hirnregionen im Zusammenhang stehen könnte. Dabei kommt der Reifung der sogenannten exekutiven Funktionen eine besondere Bedeutung zu. Die sogenannten kalten exekutiven Funktionen (Grafman & Litvan, 1999) sind die im dorsolateralen präfontalen Kortex beheimatet (u. a. mechanistisches Planen, logisches Denken, Probleme lösen), während hingegen die sogenannten heißen exekutiven Funktionen im ventromedialen präfrontalen Kortex angesiedelt sind und u. a. für die Regulierung des interpersonalen sozialen Verhaltens, der Erfahrung von

Belohnung und Bestrafung und der Interpretation komplexer Emotionen bedeutsam sind.

Längsschnittuntersuchungen (Giedd et al., 1999; Giedd et al., 1997) konnten aufzeigen, dass insbesondere ab der Adrenarche (ca. 8. Lebensjahr) und während der weiteren Pubertätsentwicklung die Geschlechtsunterschiede in der Hirnanatomie besonders hervortreten. Vor allem im limbischen System zeigen sich deutliche Unterschiede. So ist das Amygdalavolumen bei Jungen größer, wohingegen das Hippokampusvolumen bei Mädchen größer ist als bei den gegengeschlechtlichen Altersgenossen. Gleichzeitig besteht auch eine Lateralisierung mit unterschiedlichen Größenverhältnissen je nach Hemisphärenseite. Größenverhältnisse und nicht nur funktionelle Zusammenhänge spielen nachweislich auch in der Vulnerabilität in der Verarbeitung von Belastungserfahrung eine große Rolle (Gilbertson et al., 2002), so dass angenommen werden kann, ob nicht der sexuelle Dimorphismus in der Hirnanatomie auch zu geschlechtsspezifischen Reaktionen in den biologischen Stressantwortsystemen führt mit einer erhöhten Vulnerabilität zur Entwicklung einer belastungsreaktiven Psychopathologie und somit auch geschlechtsspezifische Prävalenzraten bei belastungsreaktiven Erkrankungen miterklären kann.

An einem Tiermodell (Weinstock, 2007) konnte jüngst nachgewiesen werden, dass bereits pränatal einwirkender Stress geschlechtsspezifische Auswirkungen bei der Entwicklung des limbischen Systems und der HPA-Achse nach sich zieht. So konnte bei weiblichen Tieren eine veränderte Aktivität der Katecholamine, eine erhöhte HPA-Achsen-Reaktivität und vermehrte Angstreaktionen bei Stress beobachtet werden, während bei männlichen Tieren ein erhöhtes Ausmaß von Korticosteroiden im Gehirn nachgewiesen werden konnte sowie eine Abnahme von Testosteron und eine Abnahme der Neurogenese im Hippokampus sowie eine mangelnde dendritische Verzweigung im präfrontalen Kortex.

3   Risikoverhalten

Auch wenn einige Temperamentsdimensionen durch eine genetische Verankerung von einer Prädominanz spezieller biogener Amine (Dopamin, Serotonin, Noradrenalin) mitbestimmt erscheinen und diese Temperamentsdimensionen als Grundlage für überdauernde Reaktionsmuster von Menschen darstellen, konnte nachgewiesen werden, dass mit den pubertätsbedingten Veränderungen in den Neurotransmittersystemen ein Anstieg von Risikoverhaltensweisen verbunden ist. Ein steigendes Neugierverhalten sowie eine erhöhte Impulsivität sind für die Pubertätsphase charakteristisch. Diesem veränderten Neurotransmitterhaushalt wurde auch ein phylogenetischer Sinn unterstellt. So wird durch das „angeheizte" Neugierverhalten die Entwicklung von Selbständigkeit ohne elterlichen Schutz begünstigt, gleichzeitig ist jedoch der Anstieg von Risikoverhaltensweisen und einer mangelnden Gefahreneinschätzung mit möglichen Entwicklungsgefährdungen verbunden (Steinberg, 2004).

Emotionale Informationsverarbeitung

Neuropsychologische Untersuchungen (u. a. Killgore et al., 2001) zu Störungen der emotionalen Informationsverarbeitung unterstützen die zuvor beschriebenen Befunde, dass die Hirnentwicklung in der Adoleszenz auch für geschlechtsgetrennte Wahrnehmungen und Verhaltensmuster mitverantwortlich ist. So werden spezifische Hirnstrukturen (orbitofrontaler Kortex, Amygdala, vorderes Cingulum), die an der Informationsverarbeitung emotionaler Inhalte beteiligt sind, geschlechtsunterschiedlich und auch altersabhängig (!) aktiviert. Neuropsychologische Untersuchungen konnten weiter zeigen, dass eine erhöhte Sensivität gegenüber sozialen Gefahrenreizen in der Adoleszenz ansteigt und damit im Zusammenhang einer erhöhten Vulnerabilität für emotionale Störungen und soziale Phobien bei Mädchen stehen könnten (Killgore et al., 2001). Untersuchungen im Erwachsenenalter (u. a. McClure et al., 2004) konnten zeigen, dass Frauen sensitiver und responsiver auf soziale Reize, insbesondere auf bedrohliche Reize reagieren. Auch zeigen Frauen stärkere Reaktionen auf subluminal (unter der bewussten Wahrnehmung) dargebotene Reize. Des Weiteren erfassen Frauen Inhalte genauer und reagieren physiologisch und verhaltensmäßig stärker (autonomes Nervensystem, Schreckreaktion). Diese Geschlechtsunterschiede scheinen in der gesamten Lebensspanne zu bestehen, sich aber erst im Übergang vom Jugend- ins Erwachsenenalter zu entwickeln (McClure et al., 2004).

Die höhere Prävalenz von internalisierenden Störungen sowie auch Störungen aus dem posttraumatischen Störungskomplex beim weiblichen Geschlecht könnte auch im Zusammenhang mit den beschriebenen geschlechtsspezifischen biologischen Vulnerabilitäten stehen. Um diese Zusammenhänge weiter aufzuklären, bedarf es weiterer Forschungsanstrengungen, die die neurobiologischen Faktoren einschließlich genetischer und sozialer Variablen im längsschnittlichen Verlauf untersuchen. Die hier selektiv zusammengestellten Untersuchungsergebnisse lassen jedoch schon den Schluss zu, dass die geschlechtsdifferente Entwicklung im Verlauf von psychischen Störungen wesentlich auch von biologischen Prozessen (in Interaktion mit sozialen Faktoren) abhängig ist. Dabei nehmen Untersuchungen zur Interaktion von gonadalen Hormonen, Neurotransmittersystemen und der Hirnreifung einen besonderen Stellenwert ein. Eine Aufklärung von geschlechtsdifferenten protektiven und Risikofaktoren während der Pubertätsentwicklung könnte das Verständnis der Pathogenese psychiatrischer Erkrankungen grundlegend erhellen.

Literatur

Bennett, D.S., Ambrosini, P.J., Kudes, D., Metz, C. & Rabinovich H. (2005). Gender differences in adolescent depression: do symptoms differ for boys and girls? Journal of Affective Disorders, 89, 35–44.

Buchanan, C.M., Eccles, J.S. & Becker, J.B. (1992). Are adolescents the victims of raging hormones: evidence for activational effects of hormones on moods and behavior at adolescence. Psychological Bulletin, 111, 62–107.

Döpfner, M., Schmeck, K., Berner, W., Lehmkuhl, G. & Poustka, F. (1994). Zur Reliabilität und faktoriellen Validität der Child Behavior Checklist eine Analyse in einer klinischen und einer Feldstichprobe. Zeitschrift für Kinder- und Jugendpsychiatrie und Psychotherapie, 22, 189–205.

Giedd, J.N. (2004). Structural magnetic resonance imaging of the adolescent brain. Annuals of the New York Academic Science, 1021, 77–85.

Giedd, J.N., Blumenthal, J., Jeffries, N.O., Castellanos, F.X., Liu, H., Zijdenbos, A., Paus, T., Evans A.C. & Rapoport, J.L. (1999). Brain development during childhood and adolescence: a longitudinal MRI study. Nature Neuroscience, 2, 861–3.

Giedd, J.N., Castellanos, F.X., Rajapakse, J.C., Vaituzis, A.C. & Rapoport, J.L. (1997). Sexual dimorphism of the developing human brain. Programmes of Neuropsychopharmacological and Biological Psychiatry, 21, 1185–201.

Gilbertson, M.W., Shenton, M.E., Ciszewski, A., Kasai, K., Lasko, N.B., Orr, S.P. & Pitman, R.K. (2002). Smaller hippocampal volume predicts pathologic vulnerability to psychological trauma. Nature Neuroscience, 5, 1242–7.

Gogtay, N., Giedd, J.N., Lusk, L., Hayashi, K.M., Greenstein, D., Vaituzis, A.C., Nugent, T.F. 3rd, Herman, D.H., Clasen, L.S., Toga, A.W., Rapoport, J.L. & Thompson, P.M. (2004). Dynamic mapping of human cortical development during childhood through early adulthood. Proc Natl Acad Sci U S A, 101, 8174–8179.

Grafman, J. & Litvan, I. (1999). Importance of deficits in executive functions. Lancet, 354, 1921–3.

Haffner, J., Parzer, P., Raue, B., Steen, R., Münch, H., Giovannini, S., Esther, C., Klett, M. & Resch, F (Hrsg.). (2001). Lebenssituation und Verhalten von Kindern im zeitlichen Wandel. Heidelberg: Gesundheitsamt Heidelberg/Rhein-Neckar-Kreis.

Haffner, J., Parzer, P., Steen, R., Roos, J., Klett, M. & Resch, F. (2006). Lebenssituation, psychische Probleme und Verhaltensauffälligkeiten von Jugendlichen: Ergebnisse der Heidelberger Schulstudie. Heidelberg: Gesundheitsbericht, Rhein-Neckar-Kreis/Heidelberg, Band 3.

Hayward, C. & Sanborn, K. (2002). Puberty and the emergence of gender differences in psychopathology. Journal of Adolescent Health, 30, 49–58.

Kessler, R.C., Berglund, P., Demler, O., Jin, R., Merikangas, K.R. & Walters, E.E. (2005). Lifetime prevalence and age-of-onset distributions of DSM-IV disorders in the National Comorbidity Survey Replication. Archives of General Psychiatry, 62, 593–602.

Killgore, W.D., Oki, M. & Yurgelun-Todd, D.A. (2001). Sex-specific developmental changes in amygdala responses to affective faces. Neuroreport, 12, 427–33.

McClure, E.B., Monk, C.S., Nelson, E.E., Zarahn, E., Leibenluft, E., Bilder, R.M., Charney, D.S., Ernst, M. & Pine, D.S. (2004). A developmental examination of gender differences in brain engagement during evaluation of threat. Biological Psychiatry, 55, 1047–55.

Seiffge-Krenke, I. (2007). Depression bei Kindern und Jugendlichen: Prävalenz, Diagnose. Ätiologie, Geschlechtsunterschiede und therapeutischer Zugang. Praxis der Kinderpsychologie und Kinderpsychiatrie, 56, 185–205.

Shen, H., Gong, Q.H., Aoki, C., Yuan, M., Ruderman, Y., Dattilo, M., Williams, K. & Smith, S.S. (2007). Reversal of neurosteroid effects at alpha4beta2delta GABAA receptors triggers anxiety at puberty. Nature Neuroscience, 10, 469–77.

Sisk, C.L. & Foster, D.L. (2004). The neural basis of puberty and adolescence. Nature Neuroscience, 7, 1040–7.

Spear, L.P. (2000). The adolescent brain and age-related behavioral manifestations. Neuroscience and Biobehavior Revue, 24, 417–63.

Steinberg, L. (2004). Risk taking in adolescence: what changes, and why? Annuals of New York Academic Science, 1021, 51–8.

Walker, E.F., Sabuwalla, Z. & Huot, R. (2004). Pubertal neuromaturation, stress sensitivity, and psychopathology. Developmental Psychopathology, 16, 807–24.

Weinstock, M. (2007). Gender differences in the effects of prenatal stress on brain development and behaviour. Neurochemical Research, 32, 1730–40.

Grundlagen

3 Gesundheit in der Adoleszenz

Ulrike Ravens-Sieberer • Michael Erhart • Nora Wille

1 Einleitung

Die Phase der Adoleszenz wird generell als ein Lebensabschnitt mit relativ guter Gesundheit verstanden. Dennoch kommt den in dieser Lebensphase auftretenden Belastungen durch Krankheiten und Behinderungen sowie den sich hier ausbildenden gesundheitsrelevanten Einflussfaktoren eine tragende Bedeutung für die generelle Entwicklung sowie die Gesundheitsdynamik im weiteren Lebensverlauf zu.

> **!** Im Jugendalter einsetzende chronische Erkrankungen und Behinderungen können unter Umständen lebenslang die gesundheitliche Situation sowie die Funktionsfähigkeit der Betroffenen im Alltag beeinflussen. Sich im Jugendalter manifestierende ungünstige gesundheitliche Einflüsse und Belastungen wirken sich unter Umständen noch Jahrzehnte später aus und können sich in Erkrankungen niederschlagen (Dragano & Siegrist, 2006).

Der gesundheitlichen Situation in der Adoleszenz kommt jedoch nicht nur unter dieser Lebenslaufperspektive, sondern auch im Hinblick auf das individuelle Wohlbefinden und die alltägliche Funktionsfähigkeit eine große Bedeutung zu. Im Verlauf dieses Kapitels soll dargelegt werden, dass gerade diese letzteren Aspekte ausschlaggebend für das Gesundheits- und Krankheitserleben in der Adoleszenz sind. Zunächst sollen anhand einer historischen Betrachtung des letzten Jahrhunderts die unter dem Begriff „neue Morbidität" zusammengefassten Veränderungen im Gesundheits- und Erkrankungsspektrum der Adoleszenz aufgezeigt werden. Im nächsten Abschnitt werden die für das Gesundheits- und Krankheitserleben in der Adoleszenz relevanten Indikatoren vorgestellt und deren Ausprägung über die Population der Adoleszenten berichtet. Im sich anschließenden Teilkapitel werden die für die gesundheitliche Lage und Entwicklung ausschlaggebenden Bedingungs- und Kontextfaktoren erörtert und deren Bedeutung für die im vorhergehenden Kapitel berichteten Gesundheitsmaße dargestellt. Im abschließenden Teilkapitel wird ein Fazit versucht.

2 Hintergrund: Die neue Morbidität

2.1 Von den akuten zu den chronischen Erkrankungen

Die Mehrheit der Adoleszenten in den hoch entwickelten westlichen Gesellschaften lebt heutzutage – aufgrund der im vergangenen Jahrhundert erfolgten Bekämpfung massenhaften materiellen Elends, verbesserten hygienischen Bedingungen und umfassenden und leistungsfähigen sozialen Versicherungs- und Versorgungsstrukturen unter vergleichsweise günstigen Lebensbedingungen. Gleichzeitig hat auch der medizinische Fortschritt durch verbesserte Behandlungen und Prävention zu einer erfolgreichen Bekämpfung akuter Erkrankungen beigetragen, die durch mikrobiologische Krankheitserreger wie Viren oder Bakterien ausgelöst werden und zu verschiedenen Arten von Infektionen führen (Palfrey et al., 2005, Hurrelmann, 2006). Durch hochwirksame Medikamente, weit verbreitete Schutzimpfungen und eine effiziente Umwelthygiene spielen die noch in den 1950er Jahren vorherrschenden „Kinderkrankheiten" wie Keuchhusten, Windpocken, Scharlach, Masern, Röteln und Mumps, aber auch die Tuberkulose gegenwärtig eine untergeordnete Rolle. Damit einhergehend hat sich das Gesundheits- und Krankheitsprofil der Adoleszenten deutlich verschoben.

> Die Verbreitung der akuten Erkrankungen in der Adoleszenz ist stark zurückgegangen, wohingegen die lebenslang anhaltenden chronischen gesundheitlichen Beeinträchtigungen zugenommen haben.

Der Kinder- und Jugendgesundheitssurvey des Robert Koch-Instituts (KiGGS) hat bei 14 % der untersuchten Kinder und Jugendlichen einen speziellen Versorgungsbedarf in Folge dauerhafter gesundheitlicher Einschränkungen oder Entwicklungsstörungen festgestellt (Scheidt-Nave et al., 2007).

Definition

Chronische Erkrankungen dauern mindestens drei Monate an, haben beträchtliche Auswirkungen auf das psychophysische Wohlbefinden der Betroffenen und bedingen einen kontinuierlichen Bedarf nach professionellen Unterstützungsleistungen (Noeker & Haverkamp, 1997).

Zu den verbreiteten chronischen Krankheiten des Kindes- und Jugendalters gehören Erkrankungen aus dem atopischen Formenkreis wie z. B. Asthma und Neurodermitis, Stoffwechselerkrankungen wie etwa Diabetes, verschiedene neuronale Erkrankungen wie z. B. Epilepsien oder Zerebralparesen, Erkrankungen des Bewegungsapparates, aber auch Herz- und Kreislauferkrankungen (Horch et al., 2004; Kamtsiuris et al., 2007). Zumeist chronische gesundheitliche Beeinträchtigungen sind auch mit dem zunehmenden Übergewicht verbunden, das nach aktuellen Schätzungen bei etwa 17 % der 14- bis 17-jährigen Jugendlichen vorliegt und darin bei 8,5 % in Form der Adipositas sogar extreme Ausmaße annimmt (Kurth & Schaffrath-Rosario, 2007). Gleichzeitig beginnen immer mehr Jugendliche mit zwanghaften Diäten und Ernährungsverweigerungen. So sind bei 0,2–0,8 % der jungen Frauen zwischen 13 und 20 Jahren die Krankheitsbilder Anorexie verbreitet (Wittchen & Hoyer, 2006).

Andere schwerwiegende Erkrankungen treten zwar seltener auf, sind zum Teil jedoch mit besonders massiven Folgen verbunden, wie z. B. die zystische Fibrose, Krebserkrankungen oder die juvenile rheumatoide Arthritis. Diese chronischen Erkrankungen können teilweise nicht geheilt, sondern nur in der Ausprägung ihrer Symptomatik eingedämmt und somit in ihren Folgen erträglicher gemacht werden. Dennoch kann sowohl die körperliche als auch psychische und soziale Funktionsfähigkeit der Jugendlichen auf Dauer beeinträchtigt sein. Die so verminderte Belastbarkeit sowie Leistungs- und Funktionsfähigkeit kann das alltägliche Leben nachhaltig erschweren sowie zu schulischen und ausbildungsrelevanten Konsequenzen führen (Schaeffer, 2004; Warschburger, 2000). Diagnose und Behandlung der Erkrankung bedeuten für viele Jugendliche zeitliche und soziale Belastungen etwa bezüglich ihrer Partizipationsmöglichkeiten aber auch hinsichtlich Stigmatisierung. Die erforderlichen medizinischen Behandlungsmaßnahmen können zudem mit direkt und indirekt beeinträchtigenden oder schädigenden Nebenwirkungen verbunden sein.

2.2 Von den somatischen zu den psychischen Erkrankungen und Entwicklungsstörungen

Neben der Verschiebung von den akuten zu den chronischen Erkrankungen des Jugendalters berichten mehrere Autoren auch eine Zunahme der absoluten Häufigkeiten psychischer Störungen des Jugendalters in den vergangenen Jahrzehnten (Fombonne, 1998; Prosser & McArdle, 1996; Rutter & Smith, 1995).

Auch psychische Erkrankungen, wie z. B. Depressionen, Angsterkrankungen, aber auch soziale Verhaltensstörungen oder Aufmerksamkeitsdefizit und Hyperaktivität können beträchtliche Auswirkungen auf das psychophysische Wohlbefinden der Betroffenen haben und einen kontinuierlichen Bedarf nach professionellen Unterstützungsleistungen bedingen (Barkmann, 2003).

Prävalenz. Studien zur psychischen Gesundheit von Kindern und Jugendlichen berichten in der Regel hohe Prävalenzraten psychischer Probleme. Nach einer Übersichtsarbeit von Barkmann & Schulte-Markwort (2004) ergab sich aus 29 verschiedenen Studien eine durchschnittliche Rate von 17,2 % Kindern und Jugendlichen in Deutschland mit psychischen Auffälligkeiten. Die Schätzungen der verschiedenen Studien variierten dabei mit einer Standardabweichung von 5,1 um diesen Mittelwert. Die aktuellste vorliegende Untersuchung (die BELLA-Studie) fand bei etwa 12 % der Kinder und Jugendlichen zumindest Hinweise auf psychische Auffälligkeiten, während bei weiteren 10 % davon ausgegangen werden muss, dass sehr wahrscheinlich eine psychische Auffälligkeit vorliegt (Ravens-Sieberer et al., 2007). Ähnliche Größenordnungen des Problems lassen sich auch den vielfältigen internationalen Studien entnehmen. So berichten z. B. Studien aus der Schweiz und Spanien ähnlich hohe Häufigkeiten von um die 22 % (Steinhausen et al., 1998; Gomez-Beneyto et al., 1994). Zwar berichten Studien aus Frankreich, Finnland und Großbritannien niedrigere Raten zwischen 10 und 15 % (Fombonne, 1996; Puura et al., 1998; Ford et al., 2003), wobei jedoch bezüglich aller dieser Angaben teilweise immer noch nicht gelöste methodische Probleme in Rechnung gestellt werden müssen. Trotz dieser Probleme kann jedoch ein im Allgemeinen sehr hohes Niveau der berichteten Prävalenzraten festgestellt werden. Auch hinsichtlich einer Zunahme psychischer Auffälligkeiten über die Zeit erschweren methodische Probleme eine eindeutige Aussage. So fand ein umfassender Review zwar höhere Prävalenzen psychischer Probleme in Studien, die nach 1990 publiziert wurden, verglichen mit älteren Untersuchungen. Die verschiedenen methodischen Ansätze verhindern jedoch die direkte Vergleichbarkeit der Ergebnisse. Andere Reviews hingegen postulieren eine Zunahme der absoluten Häufigkeiten psychischer Auffälligkeiten über die Zeit (Fombonne, 1998; Prosser & McArdle, 1996; Rutter & Smith, 1995).

Trotz dieser teilweise nicht eindeutig interpretierbaren Befundlage hat mit dem Rückgang der akuten somatischen Erkrankungen zumindest die relative Bedeutung der psychischen Störungen im Jugendalter zugenommen: Konfrontiert mit dem Ausmaß der Belastungen durch mentale Erkrankungen bei Kindern und Jugendlichen deklarierte etwa die Weltgesundheitsorganisation (WHO, 2003), dass die mentale Gesundheit von Kindern „a key area of concern" sei, auf die professionelle Gesundheitsversorger und Politiker ihre Aufmerksamkeit richten müssen.

3 Das Gesundheits- und Krankheitserleben in der Adoleszenz

Mit der zunehmenden Bedeutung von chronischen Erkrankungen und Behinderungen, sowie psychischen Auffälligkeiten und Problemen im Krankheitsprofil der Adoleszenten ist es erforderlich, neben unmittelbaren krankheitsbezogenen Kriterien auch verstärkt das subjektive Wohlbefinden und die allgemeine Lebenssituation der Patienten zu berücksichtigen (Mattejat & Remschmidt, 1998).

Subjektives Wohlbefinden. Im Sinne einer umfassenderen Erfassung der Gesundheit und des Wohlbefindens findet insbesondere vor dem Hintergrund der oben beschriebenen „neuen Morbidität" die subjektive Gesundheit von Kindern und Jugendlichen größere Beachtung. Diese Berücksichtigung des subjektiven Befindens in Ergänzung zum „objektiven" medizinischen Befund hat sich mittlerweile weitgehend durchgesetzt (Bullinger, 1997). Arbeitsdefinition für die subjektive Gesundheit soll an dieser Stelle die Definition der gesundheitsbezogenen Lebensqualität sein:

Definition

Gesundheitsbezogene Lebensqualität ist „ein multidimensionales Konstrukt, welches körperliche, emotionale, mentale, soziale, spirituelle und verhaltensbezogene Komponenten des Wohlbefindens und der Funktionsfähigkeit (des Handlungsvermögens) aus der subjektiven Sicht der Betroffen beinhaltet". Die gesundheitsbezogene Lebensqualität bezieht sich somit auf den subjektiv wahrgenommenen Gesundheitszustand bzw. die erlebte Gesundheit (Schumacher et al. 2003, S. 2–3).

Die Messung der subjektiven Gesundheit bietet verschiedene Vorteile. So ist sie sensitiv für jene Lebensbereiche wie z. B. soziale Beziehungen und Aktivitäten, die bedeutsam für die gesundheitliche Situation und Behandlung sind bzw. mit diesen in Zusammenhang stehen. Zusätzlich ermöglicht sie die Identifikation nicht diagnostizierter Morbidität bzw. prämorbider Zustände (vgl. Varni et al., 2005).

Die aus verschiedenen Disziplinen (Psychologie, Medizin) stammenden Konzepte „subjektive Gesundheit", „gesundheitsbezogene Lebensqualität" und „Wohlbefinden" sind nur schwer voneinander zu trennen (Schumacher et al., 2003; Radoschewski, 2000) und werden daher im Folgenden synonym verwendet (vgl. Leplege & Hunt, 1997).

3.1 Allgemeines Wohlbefinden

Das allgemeine Wohlbefinden bzw. die gesundheitsbezogene Lebensqualität von Jugendlichen ist Gegenstand vieler Studien (Ravens-Sieberer et al., 2006). An dieser Stelle sollen beispielhaft Ergebnisse aus den im deutschsprachigen Raum durchgeführten Studien mit dem KINDL-R Lebensqualitätsfragebogen berichtet werden. Der KINDL-R ist ein 24 Fragen umfassender Selbstauskunftsfragebogen, welcher die sechs Dimensionen Körper (z. B. „In der letzten Woche … habe ich mich krank gefühlt"), Psyche (z. B. „… habe ich mich ängstlich und unsicher gefühlt"), Selbstwert („… mochte ich mich selbst gut leiden"), Familie („… habe ich mich Zuhause wohlgefühlt"), Freunde („… habe ich mich mit meinen Freunden gut verstanden") und Schule („… habe ich die Aufgaben in der Schule gut geschafft") erfasst. Darüber hinaus wird aus den Antworten der Befragten ein

Gesamtwert der gesundheitsbezogenen Lebensqualität bzw. des Wohlbefindens berechnet. Daneben liegt auch eine von den Eltern auszufüllende Fremdbericht-version vor (Ravens-Sieberer, 2003).

Im Rahmen der internationalen von der Weltgesundheitsorganisation (WHO) durchgeführten Studie „Health Behaviour in School-aged Children" (HBSC) wurden 2001/2002 über 9700 Schülerinnen und Schüler der fünften, siebten und neunten Klassenstufe mit dem KINDL-R Instrument befragt. Im Durchschnitt berichteten die Adoleszenten ein geringeres Wohlbefinden als ihre jüngeren Mit-schülerinnen und Schüler, lediglich die Angaben zum Selbstwert steigen mit dem Alter an (Ravens-Sieberer & Thomas, 2002). Ein niedrigeres Wohlbefinden in der Adoleszenz zeigte sich auch in anderen Studien, wie z. B. im zwischen 2003 und 2006 durchgeführten Kinder- und Jugendgesundheitssurvey (KiGGS) des Robert Koch-Instituts. Die Auswertung der KINDL-R Testwerte von über 14800 Kindern und Jugendlichen im Alter von 3 bis 17 Jahren ergab für die Adoleszenz eine Abnahme des von den Jugendlichen selber sowie von den Eltern einge-schätzten Wohlbefindens (Ravens-Sieberer et al., 2007). Die Abnahme der gesundheitsbezogenen Lebensqualität vollzieht sich kontinuierlich während der Adoleszenz und kann nicht nur im Gesamtwert, sondern auch in einzelnen Bereichen wie „Körper" und „Schule" besonders deutlich gefunden werden. Etwas weniger deutlich, aber dennoch bedeutsam, zeigt sich dieser Trend der reduzierten Lebensqualität in der Adoleszenz auch für die Skalen „Selbstwert", „Familie" und „Psyche". Die gleichen Trends finden sich auch in der selbstberich-teten Lebensqualität der Jugendlichen – mit der einzigen Ausnahme, dass eine Zunahme des Selbstwerts zwischen der Altersgruppe der 11- bis 13-Jährigen und der Altersgruppe der 14- bis 17-Jährigen gefunden wird (Ravens-Sieberer et al., 2007).

Sowohl in der KiGGS- als auch der HBSC-Studie wurden für weibliche Befrag-te im Vergleich zu männlichen niedrigere Werte des Wohlbefindens gefunden. Dieser Effekt verstärkt sich in der Adoleszenz (Ravens-Sieberer et al., 2003, 2007). So schneiden ab dem Alter von 11 Jahren die Mädchen in allen Bereichen – mit Ausnahme der Schule – „schlechter" ab als die Jungen (Ravens-Sieberer et al., 2007).

Neben der Benachteiligung von weiblichen Jugendlichen zeigen beide Studien außerdem, dass Adoleszente aus Familien mit niedrigerem sozioökonomischen Status in der Tendenz ein geringeres subjektive Wohlbefinden angeben als Gleichaltrige aus Familien mit mittlerem oder hohem sozioökonomischen Sta-tus.

3.2 Subjektive Gesundheitsbeschwerden

Wiederkehrende subjektive Gesundheitsbeschwerden stellen einen weiteren Aspekt des Gesundheits- und Krankheitserlebens in der Adoleszenz dar, der für die Betroffenen mit weitreichenden Konsequenzen verbunden sein kann (Eriksen et al., 1998). Subjektive Gesundheitsbeschwerden können einerseits physiologische Ursachen haben, auf der anderen Seite treten physische Symptome wie z. B. Kopfschmerzen, Rückenschmerzen, Bauchschmerzen etc. oftmals auch ohne ersichtliche organische Ursache auf und werden dann als psychosomatische Beschwerden bezeichnet (Oatis, 2002). Mit dem Begriff „psychosomatisch" werden die komplexen Einwirkungen psychischer Faktoren auf die Entstehung und den Verlauf von Erkrankungen mit körperlicher Funktionsstörung bezeichnet, also der Umstand, dass bestimmte Körpersymptome durch seelische Ursachen mitbedingt bzw. mitgeformt werden können (Payk, 1998). Zu den psychosomatischen Gesundheitsbeschwerden zählen sowohl eher körperliche Symptome wie Kopfschmerzen, Rückenschmerzen, Bauchschmerzen als auch eher psychische Symptome wie Gereiztheit, Nervosität, Ängstlichkeit und allgemeines Unwohlsein, sowie Symptome, die nicht eindeutig körperlich oder psychisch sind wie z. B. Schlafstörungen, Appetitlosigkeit, Schwindel und Müdigkeit.

Innerhalb der Psychologie besteht ein Konsens darüber, (psycho)somatische Beschwerden als Ergebnis einer psychologischen Verstärkung physiologischer Signale zu verstehen (Pennebaker & Watson, 1991, Garralda, 1996). Nach Pennebaker und Watson (1991) bewirkt eine verstärkte Aufmerksamkeitslenkung nach innen eine stärkere Aufmerksamkeit gegenüber körperlichen Signalen, wodurch Schmerzen und Leiden mehr ins Bewusstsein rücken können. Nach psychodynamischen Auffassungen stellen psychosomatische Erkrankungen eine körperliche Konfliktlösung bei Verdrängung von Gefühlen und Ängsten dar (Tölle, 1994), bzw. fehlgeleitete Versuche ein aktuelles Lebensproblem bei bestimmter Persönlichkeitsstruktur zu bewältigen (Payk, 1998). Lernpsychologische Ansätze sehen als Ursache psychosomatischer Erkrankungen die Koppelung physiologischer Reaktionen an bestimmte Reize oder Situationen aufgrund von Lernvorgängen (Payk, 1998).

In der internationalen HBSC-Studie werden wiederkehrende subjektive Gesundheitsbeschwerden wie Kopf-, Bauch- und Rückenschmerzen, Schlafstörungen, Benommenheit und Schwindel, allgemeines Sich-schlecht-Fühlen, Gereiztheit, Übellaunigkeit und Nervosität bei Schülerinnen und Schülern erfasst. Die Auswertung der deutschen Studiendaten von über 5600 Befragten zeigt für die Adoleszenten eine stärkere Belastung durch häufigere und mehr subjektive Gesundheitsbeschwerden als für jüngere Befragte. Auch hier wird eine stärkere Ausprägung bei weiblichen Befragten deutlich, die sich in der Adoleszenz verstärkt. Ebenfalls korrespondierend zu obigen Ergebnissen geht auch ein niedriger sozioökonomischer Status der Herkunftsfamilie mit häufigeren und mehr subjektiven Gesundheitsbeschwerden einher (Ravens-Sieberer et al., 2003). Diese Befunde konnten auch in der HBSC-Studie 2005/2006 an den deutschen Daten von über 7200 Kindern und Jugendlichen bestätigt werden: Zwei oder mehr mindestens wöchentlich auftretende Gesundheitsbeschwerden werden von 19,5 % der Fünftklässler, 22,8 % der Siebtklässler und 23,3 % der Neuntklässler berichtet. Über die drei Stufen des in der HBSC-Studie eingesetzten familiären Wohlstandsindex verringert sich der Prozentsatz der von zwei oder mehr mindestens wöchentlich wiederkehrenden Gesundheitsbeschwerden Betroffenen von 25,4 % in der untersten auf 19,6 % in der obersten Schicht des Wohlstandsindexes (Ravens-Sieberer & Erhart, in press).

3.3 Psychische Auffälligkeiten

Psychische Auffälligkeiten und Probleme im Kindes- und Jugendalter stellen wie oben dargestellt ein wesentliches Charakteristikum des Krankheitserlebens in der Adoleszenz dar. Ihrem Wesen nach können sie als gesundheitliche Beeinträchtigungen mit z. T. schwerwiegenden Konsequenzen für das individuelle Wohlbefinden sowie die alltägliche und soziale Funktionsfähigkeit der Betroffenen eingeschätzt werden. Hieraus können beispielsweise Benachteiligungen hinsichtlich der späteren Berufsmöglichkeiten resultieren (Barkmann, 2003). Darüber hinaus sind diese Probleme häufig auch mit starken Belastungen für das soziale Umfeld (Eltern, Geschwister, Lehrer etc.) verbunden. Notwendige Interventionen erzeugen zudem oft hohe Behandlungskosten (Döpfner et al., 1998). Psychische Probleme zeigen eine hohe Persistenz (Ihle & Esser, 2002) und können bis ins Erwachsenenalter hinein bestehen bleiben oder in entsprechende Auffälligkeiten und Störungen des Erwachsenenalters übergehen.

Psychische Probleme im Kindes- und Jugendalter kommen in vielfältiger Gestalt vor und können in internalisierende Probleme (d. h. nach innen gerichtete Probleme) und externalisierende Probleme (d. h. im Umgang und Zusammenleben mit anderen) unterschieden werden (Döpfner et al., 1997). Während zu Letzteren neben Aufmerksamkeitsstörungen und Hyperaktivität auch aggressives oder dissoziales Verhalten gezählt wird, umfassen die internalisierenden Probleme z. B. Ängste und Depressivität (Ihle & Esser, 2002).

Die Schätzung der Prävalenzen psychischer Auffälligkeiten ist jedoch immer (wie bereits oben angedeutet) mit methodischen Schwierigkeiten verbunden: Unterschiedliche Falldefinitionen, unterschiedliche Informationsquellen und Erfassungsmethoden können zu unterschiedlichen Schätzungen führen.

Im vertiefenden Studienmodul zur mentalen Gesundheit der oben erwähnten KiGGS-Studie – der BELLA-Studie – werden vertiefend bei über 2800 Kindern und Jugendlichen im Alter von 7–17 Jahren Symptome psychischer Auffälligkeiten und Probleme und hierdurch hervorgerufene Belastungen untersucht (Ravens-Sieberer et al., 2007). Die Adoleszenten leiden nach den bisherigen Ergebnissen im Vergleich zu Jüngeren zwar etwas seltener unter Symptome eine Aufmerksamkeits-Defizit-/Hyperaktivitätsstörung (ADHS). Bezüglich anderer Störungen ist dagegen kein eindeutiger Trend zu erkennen (Ravens-Sieberer et al., 2007). Auch hier müssen jedoch methodische Schwierigkeiten berücksichtigt werden. Da die hier zitierte Publikation ausschließlich Eltern-Angaben berücksichtigt, ist zu vermuten, dass Probleme der Adoleszenten aufgrund der weniger engen Eltern-Kind-Beziehung in diesem Alter eventuell weniger gut erfasst werden, insbesondere wenn es um internalisierende Probleme geht. Nichtsdestotrotz zeigen auch diese Daten geschlechtsspezifische Unterschiede: Hinweise auf Störungen des Sozialverhaltens und insbesondere auf ADHS finden sich mit 7,9 % bzw. 2,9 % häufiger bei Jungen als bei Mädchen (7,2 % bzw. 1,4 %). Andere Untersuchungen, die sich auf Symptomhäufigkeiten konzentrieren, jedoch ohne die einhergehende Belastung näher zu untersuchen, zeigen in der Adoleszenz ein deutlich häufigeres Auftreten von emotionalen Problemen (Ängste und depressive Stimmungen) bei weiblichen Befragten. Dieser Unterschied war dabei allerdings erst bei den 14- bis 17-Jährigen zu erkennen (Hölling et al., 2007). Besonders deutlich zeigt sich hingegen die große Bedeutung des sozioökonomischen Status: Über die spezifischen Störungsgruppen Depressionen, Ängste, ADHS und Störungen des Sozialverhaltens haben Befragte mit niedrigem sozioökonomischen Status im Vergleich zu Gleichaltrigen mit hohem sozioökonomischen Status ein um das bis zu 4-fach erhöhte Risiko einer Auffälligkeit.

3.4   Risikoverhalten

Psychische Probleme in der Adoleszenz können sich auch in verschiedenen gesundheitlichen Risikoverhaltensweisen oder etwa in Selbstverletzungen und suizidalen Handlungen niederschlagen. Jedoch auch unabhängig von entsprechenden psychischen Gesundheitsproblemen können Risikoverhaltensweisen wie z. B. physische Auseinandersetzungen, problematischer Alkohol- und Tabakkonsum oder der Konsum illegaler Drogen als ein Charakteristikum der gesundheitlichen Situation in der Adoleszenz angesehen werden.

Das Experimentieren mit psychoaktiven Substanzen kann im Rahmen des Ausprobierens und Testens von neuen Rollen, Verhaltensweisen und Einstellungen erfolgen, die im Zusammenhang mit der in der Adoleszenz zunehmend entwickelten eigenen Identität und Loslösung von der Abhängigkeit von den Eltern stehen (Freitag & Hurrelmann, 1999). Aus der Perspektive der Adoleszenten werden Tabak-, Alkohol- und Drogenkonsum aber auch zur Bewältigung alltäglicher Lebensprobleme und Herausforderungen eingesetzt (Reese & Silbereisen, 2001). Problematisch wird der Substanzkonsum, wenn er sehr früh oder sehr exzessiv einsetzt, oder daraus eine instrumentelle Gewohnheit bei Konfrontation mit Problemen und Anforderungen wird (Richter & Settertobulte, 2003). Exzessiver Konsum kann zu schweren Entwicklungsstörungen führen, weiterhin treten organische Schäden und Abhängigkeiten schneller auf als bei Erwachsenen (Settertobulte, 2001).

Alkohol- und Tabakkonsum. Auswertungen der 2005/2006 durchgeführten HBSC-Studie zeigen für die über 7200 in Deutschland befragten Schülerinnen und Schüler der fünften, siebten und neunten Klasse wie zu erwarten eine deutliche Zunahme des Rauchens in der Adoleszenz: Stellt mindestens wöchentliches oder sogar tägliches Rauchen in der fünften Klasse mit 0,1 % bei den Mädchen und 0,4 % bei den Jungen noch die Ausnahme dar, rauchen in der siebten Klasse 3,3 % der Jungen und 4,2 % der Mädchen bereits regelmäßig, in der neunten Klasse berichten 16,8 % der Jungen und 22,4 % der Mädchen mindestens einmal in der Woche oder sogar täglich zu rauchen. Deutlich erkennbar ist auch der mit zunehmendem Alter steigende Geschlechtsunterschied (Nickel et al., in press), der hier – im Gegensatz zu den im Folgenden geschilderten Risikoverhaltensweisen – auf ein riskanteres Gesundheitsverhalten der Mädchen hinweist. Auch regelmäßiger, d. h. mindestens wöchentlicher Alkoholkonsum sowie mehrmalige alkoholbedingte Rauscherfahrungen nehmen in der Adoleszenz deutlich zu. In der siebten Klasse berichten 5,9 % der Jungen und 3,5 % der Mädchen regelmäßig Alkohol zu konsumieren. In der neunten Klasse konsumieren bereits 24,6 % der Jungen und 14,9 % der Mädchen regelmäßig Alkohol. Mehrmalige alkoholbedingte Rauscherfahrungen werden in der siebten Klasse von 7,2 % der Jungen und 5,6 % der Mädchen berichtet, in der neunten Klasse sind es bereits 31,2 % der Jungen und 27,7 % der Mädchen. Erfreulicherweise zeigen diese aktuellen Daten der HBSC-Studie einen leichten Rückgang bzw. eine Stagnation des Alkoholkonsums im Vergleich zu früheren Studien (Nickel et al., 2008).

Illegale Drogen. Auch hinsichtlich des Konsums sogenannter „leichter" illegaler Drogen deutet sich ein Rückgang an (Nickel et al., 2008). Von den im Rahmen der HBSC-Studie 2005/2006 in Deutschland befragten Neuntklässlern haben 7,3 % der Jungen und 6,4 % der Mädchen bereits ein- bis zweimal Cannabis konsumiert. Weitere 10,7 % der Jungen und 7,4 % der Mädchen haben bereits dreimal und öfters in ihrem Leben Cannabis konsumiert.

Hinsichtlich des sozioökonomischen Status ergibt sich für die Risikoverhaltensweisen ein recht differenziertes Bild. Ein niedriger sozioökonomischer Status ist nach den aktuellen Befunden aus der KiGGS-Studie bei Jungen statistisch nicht signifikant mit regelmäßigem Tabakkonsum assoziiert, bei Mädchen ist jedoch das Risiko regelmäßigen Tabakkonsums für solche mit niedrigem oder mittlerem sozioökonomischen Status gegenüber denen mit hohem sozioökonomischen Status leicht erhöht. Keine statistisch signifikante Assoziation konnte dagegen für Alkohol- oder Cannabiskonsum und dem sozioökonomischen Status festgestellt werden (Lampert & Thamm, 2007).

Physische Auseinandersetzungen. Die Auftretenshäufigkeit physischer Auseinandersetzungen geht mit der Adoleszenz etwas zurück: In der deutschen HBSC-Studie von 2005/2006 berichten 30,8 % der Fünft-, 31,2 % der Siebt- und 27,9 % der Neuntklässler einmalig oder mehrmalig in den vergangenen zwölf Monaten in physische Auseinandersetzungen verwickelt gewesen zu sein. Jungen sind mit 42,5 % fast dreimal so häufig wie Mädchen davon betroffen. Der sozioökonomische Status ist nur in geringem Maße mit dieser Risikoverhaltensweise assoziiert (Ravens-Sieberer & Erhart, 2008).

Selbstverletzendes Verhalten und Suizidhandlungen. Verlässliche Angaben zur Häufigkeit von absichtlichen Selbstverletzungen, Suizidversuchen oder Suizidgedanken zu erhalten, ist mit erheblichen methodischen Schwierigkeiten verbunden. Im Rahmen der BELLA-Studie berichteten 3,7 % der befragten 11–17-jährigen Mädchen und 2,0 % der Jungen von absichtlichen Selbstverletzungen oder Suizidversuchen. 5,2 % der Mädchen und 2,5 % der Jungen berichten von Selbstmordgedanken.

4 Kontexte

4.1 Das Konzept der Risiko- und Schutzfaktoren

Das im zweiten Abschnitt erörterte und im vorigen Abschnitt dargestellte veränderte Erkrankungsspektrum hat auch Konsequenzen bezüglich der Forschungsmethodik und der theoretischen Erklärungsmodelle. Zunehmend wird beispielsweise das sogenannte Risikofaktorenkonzept herangezogen, welches der Tatsache Rechnung trägt, dass in der Regel nicht ein einzelner genau zu bezeichnender Faktor als eindeutige Erklärung für das Zustandekommen einer chronischen Beeinträchtigung möglich ist, sondern das Zusammenwirken mehrerer Risikofaktoren. Risikofaktoren ermöglichen es, einen bestimmten Krankheitszustand auf einen oder mehrere Einflussfaktoren zu beziehen und somit auch die Bedeutung einer kumulativen Wirkung bzw. besonders wirkungsvoller spezifischer Kombination zu analysieren. Über die vorliegende Wirkrichtung lässt sich allerdings nur unter sehr spezifischen Bedingungen eine Aussage treffen.

> **!** Das probabilistische Risikofaktorenkonzept kann ausschließlich Aussagen über Wahrscheinlichkeiten für das Eintreten einer Erkrankung treffen und gestattet keine exakte Vorhersage für den Einzelfall. Körperliche, psychische und soziale Risikofaktoren schlagen sich also nicht „mechanisch" in entsprechenden beeinträchtigenden Symptomen nieder, sondern erhöhen lediglich die Wahrscheinlichkeit entsprechender Beeinträchtigungen.

Jedoch darf auch diese Risikoerhöhung nicht als ein universelles und „mechanisches" Geschehen verstanden werden, da ihre Wirkung maßgeblich durch die einer Person zur Verfügung stehenden Bewältigungsmöglichkeiten vermittelt ist. In diesem Sinne können personale, das heißt der Person innewohnende, und soziale, das heißt aus der Umwelt beziehbare Ressourcen unterschieden werden. In den nachfolgenden Teilabschnitten werden die Bedeutung verschiedener Kontextfaktoren für die Gesundheit in der Adoleszenz erörtert und entsprechende Befunde berichtet.

4.2 Lebenswelten: Familie, Schule, Peergruppe

Familie

Das System Familie ist ein wichtiger Rahmen für die Sozialisationserfahrungen von Kindern (Hurrelmann, 2006) und spielt eine weitreichende Rolle für die Gesundheitsdynamik. Von den Familienmitgliedern werden Stile des Umgangs mit dem eigenen Körper, mit gesundheitlichen Beeinträchtigungen und Stärken erlernt, so dass gesundheitsrelevante Verhaltensweisen und Einstellungen geprägt werden (Kolip & Lademann, 2006). Das System Familie stellt weiterhin die primäre Ressource für die soziale Unterstützung von Kindern und Jugendlichen dar. Familienmitglieder können sich instrumentelle Hilfe geben. Die Familie stellt ein Potential für das Erleben von Wärme, Nähe und Vertrauen, aber auch Liebe und Akzeptanz dar. Eine enge Bindung an eine erwachsene Bindungsperson wird z. B. in vielen Arbeiten der Entwicklungspsychologie (Oerter & Montada, 2008) als entscheidender Faktor für eine gesunde Entwicklung angesehen. Das Eingebundensein in die Familie kann so vor psychischen und physischen Gesundheitsproblemen schützen und sich positiv auf viele weitere Gesundheitsaspekte auswirken (Kolip & Lademann, 2006).

Jedoch auch im negativen Sinne kann die Familie als entscheidender Ort für die Gesundheitsdynamik angesehen werden und eine pathogene Wirkung entfalten: Eine Partnerschafts- bzw. Trennungsproblematik kann, muss aber nicht zu gesundheitlichen Beeinträchtigungen führen (Kolip & Lademann, 2006). Gewalt in der Familie, Vernachlässigung, Misshandlungen und sexueller Missbrauch hat dagegen stets sowohl kurz- als auch langfristige körperliche und psychische Folgen für die Betroffenen (Kolip & Lademann, 2006). Die Erfahrungen von Dysfunktionen im Haushalt und in der Familie, von Vernachlässigung oder Missbrauch im Kindesalter stehen z. B. in starker Assoziation zu Alkoholmissbrauch im Jugendalter (Dube et al., 2006) und psychischen Störungen im Erwachsenenalter (Dube et al., 2003). Auswertungen der deutschen Daten der internationalen HBSC-Studie 2005/2006 zeigen zusammenfassend, dass die Familienkonstellation mit verschiedenen Gesundheitsparametern assoziiert ist: Eine niedrige subjektive Gesundheitseinschätzung, Übergewicht, eine geringe Lebenszufriedenheit, wiederkehrende multiple Gesundheitsbeschwerden, eine unterdurchschnittliche mentale Gesundheit, physische Auseinandersetzungen mit anderen, Rauchen, Alkohol und Cannabiskonsum treten bei Jugendlichen aus alleinerziehenden Elternhäusern und z. T. auch bei neu zusammengesetzten Familien häufiger auf als bei Gleichaltrigen mit klassischer Familienkonstellation. Zu berücksichtigen ist, dass hier nicht etwa die Familienkonstellation an sich ursächlich risikoerhöhend wirksam sein dürfte, sondern damit assoziierte Faktoren. Wird der (bei Alleinerziehenden durchschnittlich niedrigere) sozioökonomische Status als weitere Erklärungsvariable hinzugezogen, verringern sich beispielsweise diese Unterschiede. Auch Schwierigkeiten in der familiären Kommunikation und eine schwache elterliche Unterstützung gehen mit ähnlichen Risiken wie schlechter subjektiver Gesundheit, geringer Lebenszufriedenheit, wiederkehrender multipler Gesundheitsbeschwerden, unterdurchschnittlicher mentaler Gesundheit und gehäuften physischen Auseinandersetzungen mit anderen einher (Erhart & Ravens-Sieberer, in press).

Peergruppe

Neben der Familie stellen die Peergruppe sowie die schulische Umgebung wichtige Kontextfaktoren für das Wohlbefinden und die Gesundheitsdynamik in der Adoleszenz dar. Die Peergruppe gewinnt insbesondere in der Adoleszenz an Einfluss auf die Einstellungen und Lebensweisen der Betroffenen. was negative als auch positive Auswirkungen auf gesundheitsrelevante Verhaltenweisen haben kann. Andererseits stellt die Peergruppe jedoch auch eine potentielle Ressource für soziale Unterstützungen dar. Nach den Ergebnissen der deutschen HBSC-Studie von 2005/2006 erhöht sich bei Adoleszenten das Risiko für Alkohol- und Tabakkonsum mit häufigerem Treffen mit Gleichaltrigen nach der Schule oder am Abend. Ausschlaggebend sind hierbei rauchende oder Alkohol trinkende Vorbilder in der Peergruppe. (Settertobulte, in press). Ähnliche Resultate ergeben sich aus der KiGGS-Studie: Eine gute soziale Unterstützung als protektiver Faktor für die mentale Gesundheit geht gleichzeitig mit einer höheren Wahrscheinlichkeit für Alkohol- und Tabakkonsum einher. Ein erhöhtes Risiko für den Konsum illegaler Drogen ist dagegen nicht festzustellen (Erhart et al., 2007). Auswertungen der deutschen HBSC-Studiendaten 2001/2002 weisen auf die Bedeutung guter Beziehungen zu Peers als protektiver Faktor für die mentale Gesundheit hin (Ravens-Sieberer et al., 2003). Allerdings kann keine kausale Schlussfolgerung auf die Einflussrichtung gezogen werden.

Schule

Schulische Belastungen und Überforderungen, eine mangelnde Unterrichtsqualität sowie schwache Unterstützung durch Mitschüler und Mitschülerinnen stellen nach den Auswertungen der deutschen HBSC-Studiendaten 2001/2002 ebenfalls Risikofaktoren für verschiedene gesundheitliche Aspekte dar (Bilz et al., 2003).

4.3 Soziale Ungleichheit

Im Kindes- und Jugendalter beeinflusst die soziale Lage in einer sehr komplexen und mehrschichtigen Art und Weise den Gesundheitszustand (Richter, 2005) und wirkt sich prägend auf bedeutsame Determinanten der weiteren Gesundheitsdynamik aus, wie z. B. auf gesundheitsrelevante Einstellungen, Verhaltensweisen und Stile des Umganges mit Gesundheitsrisiken. Von den Eltern werden Muster an Hygiene, Ernährung, Bewegung und Tagesrhythmus übernommen und unbewusst angeeignet (Horch et al., 2004). Diese Aspekte werden im Wesentlichen durch die Sozialisationserfahrungen in der Familie geprägt, die wiederum auch vom sozioökonomischen Status der Familie beeinflusst werden (Hurrelmann, 2006). Sozioökonomische Statusunterschiede können sich jedoch auch bereits vorgeburtlich auf die Gesundheit und Entwicklung der Kinder auswirken. So stellt das Geburtsgewicht, als Indikator für die Reife des Fötus bei der Geburt sowie Fehl- und Mangelernährungen während der Schwangerschaft, einen wichtiger Faktor für die kindliche Gesundheit, aber auch die spätere Gesundheit im Erwachsenenalter, dar. Auch Tabak-, Alkohol- oder Drogenkonsum, Medikamenteneinnahme oder Infektionen der Mutter während der Schwangerschaft können sich pathogen auf die Entwicklung des Fötus auswirken, und sind ihrerseits mit Aspekten der sozialen Schichtzugehörigkeit assoziiert (Spencer, 2006; Lampert & Burger, 2004).

In bisherigen Studien konnte der so theoretisch zu erwartende Zusammenhang zwischen sozialer und gesundheitlicher Ungleichheit bei Kindern und Jugendlichen auch empirisch nachgewiesen werden: Die Ergebnisse der bundesweiten KiGGS-Studie des Robert Koch-Instituts zeigen, dass Kinder und Jugendliche aus sozial benachteiligten Familien mit Ausnahme allergischer Erkrankungen häufiger körperlich und psychisch beeinträchtigt sind (Kamtsiuris et al., 2007; Hölling et al., 2007), häufiger psychoaktive Substanzen konsumieren (Lampert & Thamm, 2007), ein schlechteres Ernährungsverhalten zeigen (Mensink et al., 2007) und häufiger übergewichtig sind (Kurth & Schaffrath Rosario, 2007). Wie im dritten Abschnitt dieses Kapitels dargestellt, zeigen auch die deutschen HBSC-Studiendaten sowie die Daten der BELLA-Studie für das subjektive Wohlbefinden wiederkehrende Gesundheitsbeschwerden, psychische Probleme und Risikoverhaltensweisen deutliche negative Auswirkungen eines niedrigeren soziökonomischen Status (Ravens-Sieberer et al., in press; Ravens-Sieberer & Erhart, 2008).

4.4 Migrationshintergrund

Die Migration in ein anderes Land oder eine andere Kultur bedeutet ein kritisches Lebensereignis, das mit einem andauernden Zustand der Herausforderung verknüpft ist. Diese Herausforderungen beinhalten Anpassungsleistungen wie den Spracherwerb, den Aufbau neuer sozialer Beziehungen und die Einstellung auf politische, gesellschaftliche, kulturelle und ökonomische Besonderheiten der neuen Heimat. Kinder und Jugendliche mit Migrationshintergrund werden mit Denkmustern, Normen und Verhaltenskodexen der Zuwanderungskultur konfrontiert, die als widersprüchlich zur Herkunftskultur erfahren werden können. Im Gegensatz zu ihren Eltern erleben sich die Kinder und Jugendlichen dabei unter Umständen als weder in der Ursprungskultur noch in der Zuwanderungskultur beheimatet (Schenk et al., 2007).

Eine juristisch ungeklärte aufenthaltsrechtliche Perspektive, Abgrenzungs- und Ethnisierungstendenzen können ebenso wie soziale Benachteiligungen, erfahrene Ablehnungen und Vorurteile als weitere potentielle Stressoren wirken. Weitere Benachteiligungen erwachsen den Kindern und Jugendlichen aus eingeschränkten Sprachkenntnissen, die insbesondere mit ungleichen Bildungschancen und späteren Möglichkeiten zur beruflichen Entfaltung einhergehen.

Diese genannten mit einem Migrationshintergrund eventuell verbundenen Aspekte können ihrem Wesen nach als Risikofaktoren für die Gesundheit verstanden werden. Ein weiterer hier bedeutsamer Risikofaktor stellt ein niedriger sozioökonomischer Status dar, da soziale Ungleichheiten insbesondere Migrantenfamilien und deren Kinder betreffen (Erhart et al., 2007).

Die deutschen Daten der internationalen HBSC-Studie 2005/2006 zeigen, dass Übergewicht, eine geringe Lebenszufriedenheit, wiederkehrende multiple Gesundheitsbeschwerden, eine unterdurchschnittliche mentale Gesundheit und physische Auseinandersetzungen mit anderen bei Jugendlichen mit Migrationshintergrund häufiger auftreten als bei Nichtmigranten (Erhart et al., 2008). Diese Unterschiede konnten in weiterführenden Analysen zu einem gewissen Grad durch Aspekte des sozioökonomischen Status, schulische Belastungen oder eine schwache elterliche Unterstützung erklärt werden. Bezüglich Rauchen, Alkohol und Cannabiskonsum weisen Adoleszente mit Migrationshintergrund kein erhöhtes Risiko auf. Es zeigt sich z. T. sogar ein leicht verringertes Risiko für Alkohol- und Tabakkonsum.

5   Fazit

Die in den letzten 100 Jahren erfolgte Reduktion der Morbidität und Mortalität durch „klassische" Erkrankungen der Adoleszenz ist beeindruckend und erfreulich. Dennoch ist ein bedeutender Anteil der Adoleszenten heute mit gesundheitlichen Beeinträchtigungen wie einem reduzierten Wohlbefinden, multiplen wiederkehrenden Gesundheitsbeschwerden, psychischen Problemen und Auffälligkeiten konfrontiert oder zeigt gesundheitliche Risikoverhaltensweisen in Form von physischen Auseinandersetzungen sowie Substanzmittelkonsum. Bedeutsame Risikofaktoren liegen in einem schwachen familiären Zusammenhalt, einer gestörten familiären Kommunikation sowie insbesondere in einem niedrigen sozioökonomischen Status der Familie. Auch Aspekte der Lebenswelt Schule und der Peergruppe sind für verschiedene Aspekte der neuen Morbidität von Bedeutung. Die mit zunehmendem Alter deutlicher werdenden Geschlechtsunterschiede – mit einer zumeist ungünstigeren Bilanz für Mädchen – weisen auf die prägende Bedeutung von Geschlechtsrollenerwartungen und Anforderungen hin. Behandlungs- und Präventionsansätze müssen diese Kontextfaktoren berücksichtigen, obgleich weitergehende Forschung im Hinblick auf die vermittelnden Prozesse notwendig erscheint.

Literatur

Barkmann, C. (2003). Psychische Auffälligkeiten bei Kindern und Jugendlichen in Deutschland. Ein epidemiologisches Screening. Hamburg: Verlag Dr. Kovac.

Barkmann, C. & Schulte-Markwort, M. (2004). Prävalenz psychischer Auffälligkeiten bei Kindern und Jugendlichen in Deutschland – ein systematischer Literaturüberblick. Psychiatrische Praxis, 31, 1–10.

Bilz, L., Hähne, C. & Melzer, W. (2003). Die Lebenswelt Schule und ihre Auswirkungen auf die Gesundheit von Kindern und Jugendlichen. In K. Hurrelmann, A. Klocke, W. Melzer & U. Ravens-Sieberer (Hrsg.), Jugendgesundheitssurvey Internationale Vergleichsstudie im Auftrag der Weltgesundheitsorganisation WHO (S. 243–299). Weinheim: Juventa.

Bullinger, M. (1997). Gesundheitsbezogene Lebensqualität und subjektive Gesundheit. Überblick über den Stand der Forschung zu einem neuen Evaluationskriterium in der Medizin. Psychotherapie, Psychosomatik, medizinische Psychologie, 47, 76–91.

Döpfner, M., Plück, J., Berner, W., Englert, E., Fegert, J.M., Huss, M., Lenz, K., Schmeck, K., Lehmkuhl, U. & Poustka, F. (1998). Psychische Auffälligkeiten und psychosoziale Kompetenzen von Kindern und Jugendlichen in den neuen und alten Bundesländern. Zeitschrift für Klinische Psychologie, 27, 9–19.

Döpfner, M., Plück, J., Berner, W., Englert, E., Fegert, J.M., Huss, M., Lenz, K., Schmeck, K., Lehmkuhl, U. & Poustka, F. (1997). Psychische Auffälligkeiten von Kindern und Jugendlichen in Deutschland Ergebnisse einer repräsentativen Studie: Methodik, Alters-, Geschlechts- und Beurteilereffekte. Zeitschrift für Kinder- und Jugendpsychiatrie und Psychotherapie, 25, 218–233.

Dragano, N. & Siegrist, J. (2006). Die Lebenslaufperspektive sozialer Ungleichheit: Konzepte und Forschungsergebnisse. In M. Richter & K. Hurrelmann (Hrsg.), Gesundheitliche Ungleichheit: Grundlagen, Probleme, Perspektiven (S. 171–184). Wiesbaden: VS Verlag für Sozialwissenschaften.

Dube, S.R., Miller, J.W., Brown, D.W., Giles, W.H., Felitti, V.J., Dong, M. & Anda, R.F. (2006). Adverse childhood experiences and the association with ever using alcohol and initiating alcohol use during adolescence. Journal of Adolescent Health, 38, e1–10.

Dube, S.R., Felitti, V.J., Dong, M., Giles, W.H. & Anda, R.F. (2003). The impact of adverse childhood experiences on health problems: evidence from four birth cohorts dating back to 1900. Preventive Medicine, 37, 268–277.

Eriksen, H.R., Svendsrod, R., Ursin, G. & Ursin, H. (1998). Prevalence of subjective health complaints in the Nordic European Countries in 1993. European Journal of Public Health, 8, 294–298.

Erhart, M., Hölling, H., Bettge, S., Ravens-Sieberer, U. & Schlack, R. (2007). Der Kinder- und Jugendgesundheitssurvey: Risiken und Ressourcen für die psychische Entwicklung von Kindern und Jugendlichen. Bundesgesundheitsblatt, 50, 800–809.

Erhart, M. & Ravens-Sieberer, U. (2008). Die Rolle strukturelle Aspekte von Familie, innerfamiliärer Kommunikation und Unterstützung für die Gesundheit im Kindes- und Jugendalter. In M. Richter, K. Hurrelmann, A. Klocke, W. Melzer & U. Ravens-Sieberer (Hrsg.), Soziale Determinanten der Gesundheit im Jugendalter: Ergebnisse des 2. Jugendgesundheitssurveys (S. 190–213). Weinheim: Juventa.

Erhart, M., Schenk, L. & Ravens-Sieberer, U. (2008). Migration und gesundheitliche Ungleichheit. In M. Richter, K. Hurrelmann, A. Klocke, W. Melzer & U. Ravens-Sieberer (Hrsg.), Soziale Determinanten der Gesundheit im Jugendalter: Ergebnisse des 2. Jugendgesundheitssurveys. (S. 141–159) Weinheim: Juventa.

Fombonne, E. (1998). Increased rates of psychosocial disorders in youth. European Archives of Psychiatry and Clinical Neuroscience, 248, 14–21.

Ford, T., Goodman, R. & Meltzer, H. (2003). The British Child and Adolescent Mental Health Survey 1999: the prevalence of DSM-IV disorders. Journal of the American Academy of Child and Adolescent Psychiatry, 42:10:1203–1211.

Freitag, M. & Hurrelmann, K. (1999). Illegale Alltagsdrogen. Weinheim: Juventa.

Garralda, M.E. (1996). Somatisation in children. Journal of child psychology and psychiatry, 37, 13–33.

Gomez-Beneyto, M. et al. (1994). Prevalence of mental disorders among children in Valencia, Spain. Acta Psychiatrica Scandinavica, 89 (5), 352–357.

Hölling, H., Erhart. M., Ravens-Sieberer, U. & Schlack, R. (2007). Verhaltensauffälligkeiten bei Kindern und Jugendlichen – erste Ergebnisse aus dem Kinder- und Jugendgesundheitssurvey. Bundesgesundheitsblatt, 50, 784–793.

Horch, K., Kahl, H., Köster, I., Meyer, C., Reiter, S. & Schubert, I. (2004). Gesundheit von Kindern und Jugendlichen. Schwerpunktbericht der Gesundheitsberichterstattung des Bundes. Berlin: Robert Koch-Institut.

Hurrelmann, K. (2006). Gesundheitssoziologie (6. Aufl.). Weinheim: Juventa.

Ihle, W. & Esser, G. (2002). Epidemiologie psychischer Störungen im Kindes- und Jugendalter: Prävalenz, Verlauf, Komorbidität und Geschlechtsunterschiede. Psychologische Rundschau, 53, 159–169.

Kamtsiuris, P., Atzpodien, K., Ellert, U., Schlack, R. & Schlaud, M. (2007). Prävalenz von somatischen Erkrankungen bei Kindern und Jugendlichen in Deutschland. Bundesgesundheitsblatt – Gesundheitsforschung – Gesundheitsschutz, 50, 686–700.

Kolip, P. & Lademann, J. (2006). Familie und Gesundheit. In K. Hurrelmann, U. Laaser & O. Razum, (Hrsg.), Handbuch Gesundheitswissenschaften (4. Auflage, S. 633–659). Weinheim: Juventa.

Kurth, B.-M. & Schaffrath Rosario, A. (2007). Die Verbreitung von Übergewicht und Adipositas bei Kindern und Jugendlichen in Deutschland – Ergebnisse des bundesweiten Kinder- und Jugendgesundheitssurveys (KiGGS). Bundesgesundheitsblatt – Gesundheitsforschung – Gesundheitsschutz, 50, 736–743.

Lampert, T. & Burger, M. (2004). Rauchgewohnheiten in Deutschland – Ergebnisse des telefonischen Bundesgesundheitssurveys. Gesundheitswesen, 66, 511–517.

Lampert, T. & Thamm, M. (2007). Tabak-, Alkohol- und Drogenkonsum von Jugendlichen in Deutschland – Ergebnisse des Kinder- und Jugendgesundheitssurveys (KiGGS). Bundesgesundheitsblatt – Gesundheitsforschung – Gesundheitsschutz, 50, 600–608.

Leplege, A. & Hunt, S. (1997). The problem of Quality of life in Medicine. JAMA, 278, 47–50.

Mattejat, F. & Remschmidt, H. (1998). Assessing the quality of life of children and adolescents with psychiatric disorders A review. Zeitschrift für Kinder- und Jugendpsychiatrie und Psychotherapie, 26, 183–96.

Mensink, G.B.M., Kleiser, C. & Richter, A. (2007). Lebensmittelverzehr bei Kindern und Jugendlichen in Deutschland – Ergebnisse des Kinder- und Jugendgesundheitssurveys (KiGGS). Bundesgesundheitsblatt – Gesundheitsforschung – Gesundheitsschutz, 50, 609–623.

Nickel, J., Ravens-Sieberer, U., Richter, M. & Settertobulte, W. (2008). Gesundheitsrelevantes Verhalten und Soziale Ungleichheit bei Kindern und Jugendlichen. In M. Richter, K. Hurrelmann, A. Klocke, W. Melzer & U. Ravens-Sieberer (Hrsg.), Soziale Determinanten der Gesundheit im Jugendalter: Ergebnisse des 2. Jugendgesundheitssurveys. (S. 63–92) Weinheim: Juventa.

Noeker, M. & Haverkamp, F. (1997). Chronische Erkrankungen im Kindes- und Jugendalter. Monatsschrift Kinderheilkunde, 145, 387–394.

Oatis, M.D. (2002). Psychosomatic Illness in Children and adolescents. Child Study Center Letter, 6, 3.

Oerter, R. & Montada, L. (Hrsg.). (2008). Entwicklungspsychologie (6. Aufl.). Weinheim: Beltz PVU.

Palfrey, J.S., Tonniges, T.F., Green, M., Richmond, J. (2005). Introduction: Addressing the Millennial Morbidity The Context of Community. Pediatrics, 115, 1121–1123.

Payk, T. (1998). Checkliste Psychiatrie und Psychotherapie. Stuttgart: Thieme.

Pennebaker, J.W. & Watson, D. (1991). The psychology of somatic symptoms. In L.J. Kirmayer & J.M. Robbins (Eds.), Current concepts of somatisation: Research and clinical perspectives (pp. 21–35). Washington: American Psychiatric Press.

Prosser, J. & McArdle, P. (1996). The changing mental health of children and adolescents: evidence for deterioration? Psychological Medicine, 26, 715–725.

Puura, K. et al. (1998). Psychiatric disturbances among prepubertal children in Southern Finland. Social Psychiatry and Psychiatric Epidemiology, 33:7:310–318.

Radoschewski, M. (2000). Gesundheitsbezogene Lebensqualität – Konzepte und Maße. Entwicklungen und Stand im Überblick. Bundesgesundheitsblatt – Gesundheitsforschung – Gesundheitsschutz, 43, 165–89.

Ravens-Sieberer, U. (2003). Der Kindl-R Fragebogen zur Erfassung der gesundheitsbezogenen Lebensqualität bei Kindern und Jugendlichen Revidierte Form. In J. Schumacher; A. Klaiberg & E. Brähler (Hrsg.), Diagnostische Verfahren zu Lebensqualität und Wohlbefinden (S. 184–188). Göttingen: Hogrefe.

Ravens-Sieberer, U. & Thomas, A. (2003). Gesundheitsverhalten von Schülern in Berlin – Ergebnisse der HBSC-Jugendgesundheitsstudie im Auftrag der WHO. Berlin: Robert-Koch-Institut.

Ravens-Sieberer, U., Ellert, U. & Erhart, M. (2007). Gesundheitsbezogene Lebensqualität von Kindern und Jugendlichen in Deutschland – eine Normstichprobe für Deutschland aus dem Kinder- und Jugendgesundheitssurvey. Bundesgesundheitsblatt, 50, 810–818.

Ravens-Sieberer, U., Erhart, M., Wille, N., Wetzel, R., Nickel, J. & Bullinger, M. (2006). Generic health-related quality of life assessment in children and adolescents: methodological considerations. Pharmacoeconomics, 24, 1199–1220.

Ravens-Sieberer, U. & Erhart, M. (2008). Die Beziehung zwischen sozialer Ungleichheit und Gesundheit im Kindes- und Jugendalter. In M. Richter, K. Hurrelmann, A. Klocke, W. Melzer & U. Ravens-Sieberer (Hrsg.), Soziale Determinanten der Gesundheit im Jugendalter: Ergebnisse des 2. Jugendgesundheitssurveys (S. 38–62). Weinheim: Juventa.

Ravens-Sieberer, U., Thomas, C., & Erhart, M. (2003). Körperliche, psychische und soziale Gesundheit von Jugendlichen. In K. Hurrelmann, A. Klocke, W. Melzer & U. Ravens-Sieberer (Hrsg.), Jugengesundheitssurvey Internationale Vergleichsstudie im Auftrag der Weltgesundheitsorganisation WHO (S. 19–98). Weinheim: Juventa.

Ravens-Sieberer, U., Wille, N., Bettge, S. & Erhart, M. (2007). Psychische Gesundheit von Kindern und Jugendlichen in Deutschland – Ergebnisse aus der BELLA-Studie im Kinder- und Jugendgesundheitssurveys (KiGGS). Bundesgesundheitsblatt – Gesundheitsforschung – Gesundheitsschutz, 50, 871–878.

Ravens-Sieberer, U., Wille, N., Erhart, M., Bettge, S., Rothenberger, A., Bullinger, M., Herpertz-Dahlmann, B., Wittchen, H.-U., Barkmann, C., Schulte-Markwort, M., Resch, F., Hölling, H., Döpfner, M. & the BELLA Study Group (in press). Prevalence of mental health problems of children and adolescents in Germany – results from the BELLA study within the National Health Interview and Examination Survey. European Child and Adolescent Psychiatry.

Reese, A. & Silbereisen, R.K. (2001). Allgemeine versus spezifische Primärprävention von jugendlichem Risikoverhalten. In T. Freund & W. Lindner (Hrsg.), Prävention – Zur kritischen Bewertung von

Präventionsansätzen in der Jugendarbeit (S. 139–162). Opladen: Leske & Buderich.

Richter, M. (2005). Die Bedeutung sozialer Ungleichheit für die Gesundheit im Jugendalter. Gesundheitswesen, 67, 709–718.

Richter, M. & Settertobulte, W. (2003). Gesundheits- und Freizeitverhalten von Jugendlichen. In K. Hurrelmann, A. Klocke, W. Melzer & U. Ravens-Sieberer (Hrsg.), Jugengesundheitssurvey International Vergleichsstudie im Auftrag der Weltgesundheitsorganisation WHO (S. 99–157). Weinheim: Juventa.

Rutter, M. & Smith, D.J. (1995). Psychosocial disorders in young people: time trends and their causes. Chicester: Wiley.

Schaeffer, D. (2004). Der Patient als Nutzer. Krankheitsbewältigung und Versorgungsnutzung im Verlauf chronischer Krankheit. Bern: Huber.

Scheidt-Nave, C., Ellert, U., Thyen, U. & Schlaud, M. (2007). Prävalenz und Charakteristika von Kindern und Jugendlichen mit speziellem Versorgungsbedarf im Kinder- und Jugendgesundheitssurvey (KiGGS) in Deutschland. Bundesgessundheitsblatt – Gesundheitsforschung – Gesundheitsschutz, 50, 750–756.

Schenk, L., Ellert, U. & Neuhauser, H. (2007). Kinder und Jugendliche mit Migrationshintergrund in Deutschland. Methodische Aspekte im Kinder- und Jugendgesundheitssurvey (KiGGS). Bundesgessundheitsblatt – Gesundheitsforschung – Gesundheitsschutz, 50, 590–599.

Schumacher, J., Klaiberg, A. & Brähler, E. (2003). Diagnostik von Lebensqualität und Wohlbefinden – Eine Einführung. In J. Schumacher, A. Klaiberg & E. Brähler (Hrsg.), Diagnostische Verfahren zu Lebensqualität und Wohlbefinden (S. 1–18). Göttingen: Hogrefe.

Settertobulte, W. (2001). Von der Schulbank an die Theke – Alkoholkonsum bei Kindern und Jugendlichen. Gesundheit & Gesellschaft, 5, 30–35.

Settertobulte, W. (in press). Der Einfluss der Gleichaltrigen auf das Risikoverhalten im Kontext gesundheitlicher Ungleichheit. In M. Richter, K. Hurrelmann, A. Klocke, W. Melzer & U. Ravens-Sieberer (Hrsg.), Soziale Determinanten der Gesundheit im Jugendalter: Ergebnisse des 2. Jugendgesundheitssurveys. Weinheim: Juventa.

Spencer, N. (2006). Explaining the social gradient in smoking in pregnancy: Early life courye accumulation and cross-sectional clustering of social risk exposures in the 1958 British national cohort. Social Science and Medicine, 62, 1250–1259.

Steinhausen, H.C., et al. (1998). Prevalence of child and adolescent psychiatric disorders: the Zurich Epidemiological Study. Acta Psychiatrica Scandinavica, 98:4:262–271.

Tölle, R. (1994). Psychiatrie (10. Aufl.). Berlin: Springer.

Varni, J.W., Burwinkle, T.M. & Lane, M.M. (2005). Health-related quality of life measurement in pediatric clinical practice: An appraisal and precept for future research and application. Health and Quality of Life Outcomes, 3, 34.

Warschburger, P. (2000). Chronisch kranke Kinder und Jugendliche. Stuttgart: Kohlhammer.

Wittchen, H.-U. & Hoyer, J. (2006). Klinische Psychologie & Psychotherapie. Berlin: Springer.

World Health Organization (2003). Caring for children and adolescents with mental disorders: setting WHO directions. Genf: WHO.

Aktuelle Entwicklungen in den Therapieschulen

4 Einführung

Michael Schulte-Markwort • Franz Resch

Alle wichtigen Therapieschulen sind in den Kursbüchern für integrative Kinder- und Jugendpsychotherapie zu Wort gekommen, so dass wir, um unserem Anspruch nach Aktualität gerecht zu werden, die Autoren aus dem ersten Kursbuch 2005 um eine Überarbeitung ihrer Beiträge gebeten haben. Darüber soll auch dokumentiert werden, wie sich die einzelnen Verfahren weiterentwickeln und dem aktuellen Forschungsstand anpassen.

Wesentliche Neuerung in dem Beitrag von Hans Hopf zur Kinder- und Jugendlichenpsychoanalyse ist der Hinweis auf das 2007 erschienene Lehrbuch der psychoanalytischen und tiefenpsychologisch fundierten Kinder- und Jugendlichenpsychotherapie, herausgegeben von Hans Hopf und Eberhard Windaus (CIP-Medien). Dies ist insofern von Bedeutung, als mit diesem Lehrbuch zum ersten Mal nach den inzwischen als überholt geltenden Büchern von Annemarie Dührssen ein umfangreiches Lehrbuch dieser Therapieschule vorgelegt wird. Nach wie vor steht die Kinderanalyse unter dem Druck, einen breiten empirischen Nachweis ihrer Wirksamkeit zu belegen. Auch wenn es inzwischen deutlich mehr Studien gibt als noch vor zehn Jahren, so besteht im Vergleich zur Verhaltenstherapie noch ein deutlicher Nachholbedarf. Durch die Komplexität des Verfahrens ist es allerdings für die Kinderpsychoanalyse deutlich schwerer als für die Verhaltenstherapie, sich den internationalen Richtlinien einer Psychotherapieforschung anzupassen. Nichts desto trotz müssen sich auch alle tiefenpsychologischen Verfahren heute einer Überprüfung stellen. Unbestritten ist, dass viele theoretische, aber auch technische Elemente dieser Verfahren längst Eingang gefunden haben in andere, zum Teil eklektische Behandlungsmethoden, aber auch in die Verhaltenstherapie.

In dem Beitrag von Manfred Döpfner zur Kinderverhaltenstherapie wird deutlich, dass diese immer modularer und spezifischer wird. Gerade unter dem Druck der Psychotherapieforschung entwickelt die Verhaltenstherapie immer mehr spezifizierte und manualisierte Techniken, die zum Teil nur noch bedingt in das Gesamtkonzept der Verhaltenstherapie zu integrieren sind oder gar explizit aufgrund ihrer Manualisierung einzeln erlernbar und anwendbar sind. So effektiv diese Verfahren im Einzelnen sein mögen, so sehr muss vor dem Hintergrund der Bedeutung von therapeutischer Beziehung auf den Gesamtkontext geachtet werden.

5 Kinderverhaltenstherapie

Manfred Döpfner

Seit dem ersten, 2005 erschienenen Kursbuch für integrative Kinder- und Jugendpsychotherapie hat sich die Kinder- und Jugendlichenverhaltenstherapie kontinuierlich weiterentwickelt. Das Konglomerat aus verschiedenen Therapiemethoden, das sich unter diesem Begriff subsumiert, ist noch unübersichtlicher geworden. Die beiden schon in der ersten Ausgabe herausgearbeiteten Trends in der Kinderverhaltenstherapie haben sich weiter entwickelt:

(1) Die Erarbeitung von evidenzbasierten Interventionen für einzelne Störungsbilder und von Leitlinien zur Psychotherapie von Kindern und Jugendlichen.
(2) Therapieprozessforschung, aufgezeigt an empirischen Analysen zu den Wirkkomponenten in der Traumatherapie und bei Elterntrainings mit aggressiv-dissozialen Störungen.

I Evidenzbasierte Intervention

In den 1980er- und 1990er-Jahren wurden international mehrere Meta-Analysen zur Wirksamkeit von Kinderpsychotherapie vorgelegt (Casey & Berman, 1985; Weisz et al., 1987, 1995; Kazdin et al., 1990). Sie beschäftigten sich hauptsächlich mit verhaltenstherapeutischen Interventionen, weil diese am häufigsten untersucht wurden – mindestens drei Viertel der Studien stammen aus dem kognitiv-behavioralen Spektrum (Kazdin et al., 1990). Beelmann und Schneider (2003) haben eine Meta-Analyse deutschsprachiger Studien zur Wirksamkeit von Kinder- und Jugendlichenpsychotherapie veröffentlicht. Aus diesen Analysen lassen sich global für die Kinder- und Jugendlichenpsychotherapie mehrere Schlussfolgerungen ziehen (vgl. Döpfner, 2007b; Döpfner & Lehmkuhl, 2002; Döpfner, 2003):

▶ Psychotherapie von Kindern und Jugendlichen ist wirkungsvoll. Folgt man der Einteilung der Effektstärken (ES) von Cohen (1977), dann liegen die ermittelten Effektstärken mit rund 0.80 an der Grenze von mittleren zu starken Effekten. Eine Effektstärke von 0.80 besagt, dass die behandelten Patienten im Durchschnitt weniger auffällig sind als 79 % der Patienten aus der unbehandelten Kontrollgruppe.

▶ Psychotherapie mit Kindern und Jugendlichen ist ähnlich wirkungsvoll wie die Psychotherapie mit Erwachsenen. Vergleicht man diese Werte mit den Ergebnissen von Meta-Analysen über Psychotherapie bei Erwachsenen, so lässt sich global feststellen, dass die Psychotherapie von Kindern und Jugendlichen ebenso wirkungsvoll ist wie die Erwachsenenpsychotherapie.

▶ Therapieeffekte sind relativ stabil. Über einen Zeitraum von durchschnittlich sechs Monaten bleiben die Effekte stabil. Dies gilt natürlich nur für jene Studien, die überhaupt die Stabilität der Effekte untersuchten.

▶ Therapieeffekte sind spezifisch. Bei jenen Problemen, deren Veränderung Hauptziel der Behandlungen war, sind die Effekte etwa doppelt so hoch wie bei anderen Problemen, auf die sich die Therapie nicht fokussierte.

▶ Durch kognitiv-behaviorale Verfahren lassen sich mittlere bis starke Effekte erzielen, während durch nicht-behaviorale Methoden geringe bis mittlere Effekte belegt werden können. Lediglich Beelmann und Schneider (2003) fanden in ihrer Analyse deutschsprachiger Studien zwischen behavioralen und nicht-behavioralen Verfahren keinen signifikanten Unterschied, wobei zu

Tabelle 5.1. Kriterien für eine Bewertung des Grades der empirischen Bewährung (nach Chambless & Hollan, 1998)

empirisch gut bewährte Intervention	vermutlich effektive Intervention
▶ Die Intervention hat sich in mindestens zwei durchgeführten Kontrollgruppen-Studien im Vergleich zu medikamentöser oder psychologischer Placebobehandlung oder zu einer Alternativtherapie als überlegen bzw. im Vergleich zu einer bereits bewährten Alternativtherapie als ebenso wirkungsvoll erwiesen. ▶ Anstatt Kontrollgruppen-Studien werden auch große Serien von Einzelfallstudien mit guten experimentellem Design zugelassen, wenn sie die Intervention mit einer Alternativbehandlung vergleichen. ▶ Die Interventionen müssen durch ein Therapiemanual oder durch eine äquivalente Form operationalisiert sein, die Stichprobenmerkmale müs-sen spezifiziert und die Wirksamkeit muss von mindestens zwei unabhängigen Forschungsgruppen belegt sein.	▶ Die Intervention hat sich in zwei Studien gegenüber einer nicht behandelten Kontrollgruppe (z. B. Warteliste-Kontrollgruppe) als überlegen erwiesen. ▶ Anstatt Kontrollgruppen-Studien werden auch kleine Serien von Einzelfallstudien mit guten experimentellem Design zugelassen. ▶ Eine Intervention wird auch dann als vermutlich effektiv bewertet, wenn zumindest eine Studie mit einem Kontrollgruppen-Design nach den Kriterien für empirisch gut bewährte Studien (s. o.) vorliegt.

berücksichtigen ist, dass nicht-behaviorale Verfahren nur in wenigen Studien geprüft wurden.

Allerdings können Meta-Analysen allein nicht die Frage beantworten, welche spezifischen Interventionen für einzelne Störungsbilder sich empirisch bewährt haben. Hilfreicher hierfür sind die von einer Arbeitsgruppe der American Psychological Association entwickelten Kriterien für evidenzbasierte Interventionen (Empirically Supported Treatments, EST), nach denen die einzelnen Interventionen bewertet werden können (Chambless & Hollon, 1998; s. Tab. 5.1).

Internale Störungen

Tabelle 5.2 fasst die Ergebnisse mehrerer Übersichtsarbeiten zu empirisch begründeten Interventionen für internale Störungen auf der Basis der genannten Kriterien zusammen. Sie weist auf deutschsprachige Therapieprogramme hin, die im Wesentlichen diese Interventionen umsetzen, wenngleich es sich hier meist nicht um 1 : 1-Umsetzungen der geprüften Programme handelt.

Depression. Zur Behandlung von Depression im Kindes- und Jugendalter liegen im angloamerikanischen Sprachraum mittlerweile mehrere kognitiv-behaviorale Interventionsprogramme vor, die nach den genannten Kriterien als vermutlich effektiv klassifiziert werden (z. B. Lewinsohn et al., 1990; Stark et al., 1987).

Auch die Interpersonelle Psychotherapie hat sich in einer Studie als wirksam erwiesen (Mufson et al., 1993). In der Treatment of Adolescent Depression Study (TADS), der bislang umfangreichsten Studie zum Wirkvergleich von Kognitiver Verhaltenstherapie und medikamentöser Therapie mit selektiven Serotoninwiederaufnahme-Hemmern (Treatment for Adolescents With Depression Study Team, 2004), konnte eine Überlegenheit der Kombinationstherapie gegenüber der medikamentösen und der verhaltenstherapeutischen Behandlung nachgewiesen werden. Mittlerweile liegen zwei Übersetzungen und Bearbeitungen von international geprüften Manualen vor (Harrington, 2001; Ihle & Herrle, 2003). Weitere auf den international geprüften Methoden beruhende Therapiemanuale sind in Vorbereitung. Das Therapieprogramm für Jugendliche mit Selbstwert-, Leistungs- und Beziehungsstörungen ist für die Behandlung von depressiven Störungen im Jugendalter geeignet, orientiert sich aber nicht nur an der ICD-10-Diagnose, sondern zielt auf die diagnoseübergreifende Behandlung von Jugendlichen mit Selbstwert-, Leistungs- und Beziehungsstörungen im Zusammenhang mit verschiedenen Diagnosen. Der erste Band beschreibt die Grundlagen dieses auf dem Selbstmanagement-Ansatz begründeten Therapieprogramms (Walter et al., 2007), der zweite Band fokussiert Leistungsprobleme, die auch bei depressiven Jugendlichen auftreten (Walter & Döpfner, 2008). Weitere Bände werden Gleichaltrigenprobleme, Familienprobleme sowie Selbstwert-, Affekt-Aktivitätsprobleme thematisieren.

Ängste und Phobien. Bei der Behandlung von Phobien können Methoden des teilnehmenden Modelllernens und die Verstärkung von Annährungsverhalten an den gefürchteten Reiz als empirisch gut bewährt eingestuft werden. Beim teilnehmenden Modelllernen geht das Kind gemeinsam mit dem Modell in die gefürchtete Situation. Dieses Verfahren hat sich gegenüber anderen Formen des Modelllernens und der klassischen systematischen Desensibilisierung (in sensu) als wirkungsvoll erwiesen. Bei der Verstärkung von Annährungsverhalten an den gefürchteten Reiz (reinforced practice) wird das Kind dabei bestärkt, die gefürchtete Situation aufzusuchen. Beide empirisch gut bewährten Methoden beinhalten also Exposition als wesentliche Komponente. Weitere Verfahren aus dem Bereich des Modelllernens und der Desensibilisierung sowie umfassende kognitiv-behaviorale Programme werden gegenwärtig als vermutlich effektiv beurteilt. Bei der Behandlung von Angststörungen (generalisierte Angststörungen, Störungen mit Trennungsangst, teilweise auch soziale Phobie) haben sich ebenfalls kognitiv-behaviorale Programme als vermutlich effektiv bewährt. Diese Programme bestehen im Wesentlichen aus einer kognitiven/psychoedukativen Komponente und einer Expositionsbehandlung. Mehrere neue Übersichtsarbeiten aus dem deutschen Sprachraum geben einen aktuellen Überblick über den Stand der Forschung. Schneider und In-Albon (2006) zeigen in ihrer Zusammenfassung der empirischen Studien zur Behandlung von Angststörungen, dass sich in den Studien keine Unterschiede in der Wirksamkeit von Einzel- und Gruppentherapie finden. Auch der Einbezug der Familie hatte nach den vorliegenden Studien keine zusätzlichen Effekte, was der klinischen Erfahrung widerspricht, zumindest bei einigen Störungsbildern. Die Katamnesedaten zeigen, dass die Therapieerfolge über mehrere Jahre bestehen bleiben und die Erfolge nicht nur auf die Angstsymptomatik beschränkt sind. Melfsen und Mitarbeiter (2006) setzen sich mit den Studien zu sozialen Ängsten auseinander. Auch für den Bereich der Angststörungen liegen im deutschen Sprachraum Manuale vor, die auf diesen Prinzipien beruhen (s. Tab. 5.2). Das Therapieprogramm für Kinder und Jugendliche mit Angst- und Zwangsstörungen (THAZ) ist auf fünf Manuale angelegt, in denen die Behandlung von Leistungsängsten (Suhr-Dachs & Döpfner, 2005), sozialen Ängsten (Büch & Döpfner, in Vorber.), Trennungsängsten (Wulf & Döpfner, in Vorber.) sowie umschriebenen Phobien und Zwängen beschrieben werden.

Tabelle 5.2. Empirisch begründete Interventionen für internale Störungen*

Intervention	Evidenz-grad**	Deutschsprachige Programme mit entsprechenden Komponenten
	Depression	
Kognitiv-behaviorale Therapie für Kinder	2	▶ Kognitive Verhaltenstherapie bei depressiven Kindern und Jugendlichen (Harrington, 2001)
Kognitiv-behaviorale Therapie für Jugendliche	2	▶ Stimmungsprobleme bewältigen (Ihle & Herrle, 2003) ▶ SELBST: Therapieprogramm für Jugendliche mit Selbst-wert-, Leistungs- und Beziehungsstörungen (Walter et al., 2007; Band 2: Leistungsprobleme; Walter & Döpfner, 2008)
	Phobien/soziale Phobien	
Teilnehmendes Modelllernen	1	▶ Training mit sozial unsicheren Kindern (Petermann & Petermann, 2006)
Verstärkung von Annäherungsverhalten	1	▶ Behandlung der sozialen Phobie bei Kindern und Jugendlichen (Joormann & Unnewehr, 2002)
Klassische systematische Desensibilisierung (in sensu)	2	▶ THAZ: Therapieprogramm für Kinder und Jugendliche mit Angst- und Zwangsstörungen, Band 2: Soziale Ängste (Büch & Döpfner, in Vorber.)
In vivo Desensibilisierung	2	
Modelllernen (Live-Modell, Film-Modell)	2	
Kognitiv-behaviorale Intervention mit Selbstinstruktion	2	▶ SELBST: Therapieprogramm für Jugendliche mit Selbst-wert-, Leistungs- und Beziehungsstörungen (Walter et al., 2007; Band 3: Gleichaltrigenprobleme; Schmidt & Döpfner, in Vorber.)

Therapieschulen

▶

Intervention	Evidenz-grad**	Deutschsprachige Programme mit entsprechenden Komponenten
Angststörungen (generalisierte Angst, Trennungsangst)		
Kognitiv-behaviorale Intervention nach Kendall	2	▶ Freunde für Kinder (Barrett et al., 2003)
Kognitiv-behaviorale Intervention nach Kendall mit familienzentrierten Interventionen	2	▶ THAZ: Therapieprogramm für Kinder und Jugendliche mit Angst- und Zwangsstörungen, Band 1: Leistungsängste (Suhr-Dachs & Döpfner, 2005), Band 4: Trennungsangst (Wulf & Döpfner, in Vorber.)

* Zusammengestellt nach den Übersichtsarbeiten von Kaslow & Thompson (1998), Ollendick & King (1998), Weisz & Jensen (2001), Hibbs (2001) und Chambless & Ollendick (2001)

** Evidenzgrad: 1 = empirisch gut bewährt, 2 = vermutlich effektiv

Externale Störungen

Die Ergebnisse von Übersichtsarbeiten zu empirisch begründeten Interventionen für externale Störungen (Aufmerksamkeitsdefizit-/Hyperaktivitätsstörungen und aggressiv-dissoziale Störungen) sind in Tabelle 5.3 zusammengefasst. Bei der Therapie von Aufmerksamkeitsdefizit-/Hyperaktivitätsstörungen werden Elterntrainings und behaviorale Interventionen in der Schule als empirisch gut bewährt beurteilt.

Diese Methoden finden auch bei den behavioralen Interventionen in der Schule Anwendung. Im deutschen Sprachraum wurden beide Ansätze evaluiert und haben sich ebenfalls als erfolgreich bewährt (Frölich et al., 2002; Döpfner et al., 2004). Auch ein Selbsthilfemanual für Eltern sowie ein Präventionsprogramm für Vorschulkinder mit Expansivem Problemverhalten, das Elterntraining und Erziehertraining integriert, haben sich im deutschen Sprachraum empirisch bewährt (Kierfeld & Döpfner, 2006; Hanisch et al., 2006).

Elterntrainings enthalten im Wesentlichen – neben Psychoedukation – Methoden zum Aufbau positiver Eltern-Kind-Interaktionen, Verfahren des Stimulusmanagements (Aufforderungen und Grenzsetzungen) und die Anwendung positiver und negativer Konsequenzen zum Aufbau von erwünschten Verhalten und zur Verminderung von Problemverhalten.

Tabelle 5.3. Empirisch begründete Interventionen für internale Störungen*

Intervention	Evidenz-grad**	Deutschsprachige Programme mit entsprechenden Komponenten
Aufmerksamkeitsdefizit-/Hyperaktivitätsstörungen		
Elterntraining	1	▶ THOP: Therapieprogramm für Kinder mit hyperkinetischem und oppositionellem Problemverhalten (Döpfner et al., 2007)
Behaviorale Interventionen in der Schule	1	▶ Wackelpeter & Trotzkopf (Selbsthilfeprogramm, Döpfner et al., 2006)
		▶ PEP: Präventionsprogramm für Expansives Problemverhalten (Plück et al., 2006)
Oppositionell-aggressive Störungen		
Elterntraining	1	▶ THOP: Therapieprogramm für Kinder mit hyperkinetischem und oppositionellem Problemverhalten (Döpfner et al., 2007)
Eltern-Kind-Interaktionstherapie nach Eyberg et al. (1995)	2	▶ Wackelpeter & Trotzkopf (Selbsthilfeprogramm, Döpfner et al., 2006)
		▶ PEP: Präventionsprogramm für Expansives Problemverhalten (Plück et al., 2006)
Delinquenz-Präventions-Programm nach Tremblay et al. (1995)	2	
Multisystemische Therapie nach Henggeler et al. (1998)	2	
Ärger-Kontroll-Training (Lochman et al., 2003)	2	▶ Training mit aggressiven Kindern (Petermann & Petermann, 2008)

Intervention	Evidenz-grad**	Deutschsprachige Programme mit entsprechenden Komponenten
Problemlösetraining, soziales Kompetenztraining	2	▶ THAV: Therapieprogramm für Kinder mit aggressivem Verhalten (Görtz-Dorten & Döpfner, in Vorber.) ▶ SELBST: Therapieprogramm für Jugendliche mit Selbst-wert-, Leistungs- und Beziehungsstörungen (Walter et al., 2007; Band 3: Beziehungsprobleme; Schmidt & Döpfner, in Vorber.)

* Zusammengestellt nach den Übersichtsarbeiten von Pelham et al., (1998), Brestan & Eyberg (1998), Weisz & Jensen (2001), Hibbs (2001) und Chambless & Ollendick (2001)
** Evidenzgrad: 1 = empirisch gut bewährt, 2 = vermutlich effektiv

Bei der Behandlung von oppositionellen und aggressiven Störungen haben sich vor allem Elterntrainings als effektiv erwiesen, die auf den gleichen Methoden beruhen wie die Elterntrainings für Aufmerksamkeitsdefizit-/Hyperaktivitätsstörungen. Die Programme der Gruppe um Patterson und um Webster-Stratton (Patterson & Guillon, 1968; Webster-Stratton, 1994) sind besonders intensiv evaluiert worden und werden als empirisch gut bewährt eingeschätzt. Andere Programme, die auf den gleichen Prinzipien beruhen, werden beim gegenwärtigen Stand der Forschung als vermutlich effektiv eingeschätzt. Im deutschen Sprachraum basiert das Therapieprogramm für Kinder mit hyperkinetischem und oppositionellem Problemverhalten (THOP) auf diesen Prinzipien. Für dissoziale Jugendliche wird die multisystemische Therapie nach Henggeler et al. (1998) als vermutlich effektiv beurteilt. Dieses multimodalen Verfahren kombiniert jugendlichenzentrierte mit familien- und schulzentrierten Interventionen sowie mit psychosozialem Management. Zur Behandlung von aggressivem Verhalten haben sich zudem verschiedene kind- und jugendlichenzentrierten Ansätze als vermutlich effektiv bewährt, die auf die Verbesserung der Ärger-Kontrolle, der sozial-kognitiven Problemlösung, der sozialen Kompetenz und der Selbstbehauptung abzielen. Im deutschen Sprachraum ist vor allem das Training mit aggressiven Kindern (Petermann & Petermann, 2008) bekannt. Das neue Therapieprogramm für Kinder mit aggressivem Verhalten, THAV (Görtz-Dorten & Döpfner, in Vorber.) versucht, in flexibel einsetzbaren Modulen eine an den individuellen Verhaltensproblemen adaptierten Therapie zu unterstützen.

Neben den genannten Störungsbildern werden in den angeführten Übersichtsarbeiten behaviorale Interventionen zur Behandlung von Enuresis und Enkopresis als empirisch bewährt bzw. als vermutlich effektiv eingeschätzt. Interventionen bei anderen Störungen mit anderen körperlichen Symptomen und bei somatischen Störungen werden in den zitierten Arbeiten überwiegend nicht thematisiert.

Meta-Analysen und Diskussion

Diese Ergebnisse zu den Meta-Analysen und den evidenzbasierten Leitlinien haben nun auch im deutschen Sprachraum eine Diskussion, vor allem zwischen den Therapieschulen ausgelöst, was vermutlich unvermeidbar war (Döpfner, 2003; Döpfner, 2004a; Fröhlich-Gildhoff, 2004; Berns & Berns, 2004). Es bleibt zu hoffen, dass sich auch daraus Impulse für eine evidenzbasierte multimodale Kinder- und Jugendlichenpsychotherapie entwickeln, eine Psychotherapie, die weniger an Therapieschulen orientiert ist, sondern die Ergebnisse empirischer Überprüfungen in einem konzeptionellen Theorierahmen integriert. Erste Ansätze dazu sind bereits im Rahmen der multimodalen Kinder- und Jugendlichenpsychotherapie gemacht (z. B. Döpfner, 2004b, 2007a).

Leitlinien. Die Ergebnisse der evidenzbasierten Kinder- und Jugendlichenpsychotherapie haben Einfluss gefunden in die Entwicklung von Leitlinien für die Therapie psychischer Störungen im Kindes- und Jugendalter. Angestoßen wurde diese Entwicklung durch die American Academy of Child and Adolescent Psychiatry, die 1991 erstmals Leitlinien zu Aufmerksamkeitsdefizit-/Hyperaktivitätsstörungen (American Academy of Child and Adolescent Psychiatry, 1991) publizierte. Im deutschen Sprachraum wurden unter Federführung der Deutschen Gesellschaft für Kinder- und Jugendpsychiatrie Leitlinien zur Diagnostik und Therapie von psychischen Störungen im Säuglings-, Kindes- und Jugendalter herausgegeben (Deutsche Gesellschaft für Kinder- und Jugendpsychiatrie et al., 2007); sie können auch im Internet abgerufen werden (http://leitlinien.net/ [11.3.2008]).

Auf der Grundlage dieser und anderer internationalen und nationalen Bemühungen werden seit 2000 in einer Reihe mit dem Titel „Leitfaden Kinder- und Jugendpsychotherapie" Leitlinien ausgearbeitet und ihre Umsetzung detailliert beschrieben. Beginnend mit Leitlinien zur Diagnostik psychischer Störungen (Döpfner & Petermann, 2008), zur Diagnostik und Therapie von hyperkinetischen Störungen (Döpfner et al., 2000) und aggressiv-dissozialen Störungen (Petermann et al., 2007), liegen mittlerweile insgesamt zehn Leitfadenbände vor. Seit kurzem nehmen sich nun auch die Bundesvereinigung Verhaltenstherapie im Kindes- und Jugendalter (BVKJ) und die Fachgruppe Klinische Psychologie der Deutschen Gesellschaft für Psychologie (DGPS) des Themas an. Ein Themenheft der Zeitschrift Kindheit und Entwicklung (Döpfner & Esser, 2004) widmet sich der Entwicklung von Leitlinien für die Kinder- und Jugendlichenpsychotherapie. Leitlinienvorschläge für Angststörungen (Schneider & Döpfner, 2004), depressive Störungen (Ihle et al., 2004) und aggressiv-dissoziale Störungen (Döpfner & Petermann, 2004) werden in diesem Heft vorgestellt.

Diese Leitlinien sind, wie auch die Leitfadenbände, evidenzbasiert und nicht ausschließlich einer Therapieschule verpflichtet. Der gegenwärtige Forschungsstand hat jedoch zur Folge, dass mehrheitlich Verfahren aus dem kognitiv-behavioralen Therapiespektrum in die Leitlinien aufgenommen werden können.

2 Therapieprozessforschung

Seit Jahrzehnten wird die Notwendigkeit von Therapieprozessforschung betont, die darüber aufklären soll, warum Interventionen wirkungsvoll (oder nicht wirkungsvoll) sind. Jede Therapierichtung hat dazu ihre eigenen Theorien, deren Überprüfung jedoch noch weitgehend aussteht. Meist versinkt die Therapieprozessforschung in einem unübersehbaren Datensumpf. Anhand von zwei Studien sollen Erfolg versprechende Strategien der Prozessforschung aufgezeigt werden:
(1) Wirkkomponenten in der Traumatherapie,
(2) Wirkkomponenten bei Elterntrainings.

2.1 Wirkkomponenten in der Traumatherapie

Davidson und Parker (2001) führten eine Meta-Analyse zu den Wirkkomponenten von Eye Movement Desensitization and Reprocessing (EMDR) und anderer Expositionsverfahren durch. Das von Shapiro entwickelte EMDR-Verfahren enthält als wesentliche Komponenten die Exposition mit dem traumatischen Ereignis in sensu und die Augenbewegung (oder eine andere bilaterale Stimulation).

 Das Verfahren wurde nicht nur bei Erwachsenen, sondern auch bei Kindern erfolgreich eingesetzt.

Eine Möglichkeit der Therapieprozessforschung ist die so genannte Dismantling-Strategie, bei der einzelne Komponenten einer Therapie herausgenommen werden und dann die Effektivität der restlichen Therapiekomponenten überprüft wird. Historisch wurde mittels solcher Dismantling-Studien die klassische systematische Desensibilisierung als Standard der Phobiebehandlung vom Sockel gestoßen. Es konnte nämlich gezeigt werden, dass der regelmäßige Einsatz von Entspannung bei aufkommender Angst während der Konfrontation mit dem gefürchteten Reiz in der Vorstellung – was lange als Voraussetzung für eine erfolgreiche Desensibilisierung betrachtet wurde – nicht notwenig ist: Die Ergeb-

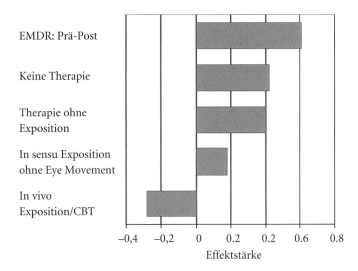

Abbildung 5.1. Ergebnisse der Meta-Analyse zur Wirksamkeit von EMDR (nach Davidson & Parker, 2001)

nisse der Studie waren mit und ohne Entspannung gleichermaßen wirkungsvoll.

Davidson und Parker (2001) legten eine Meta-Analyse von 34 Studien vor, bei denen EMDR und auch andere Konfrontationsmethoden eingesetzt wurden. Die Mehrzahl der analysierten Studien wurde mit Erwachsenen durchgeführt. Abbildung 5.1 fasst die Ergebnisse dieser Meta-Analyse zusammen. Danach belegen die Studien eine deutliche Veränderung der Symptomatik im Verlauf von EMDR. Die Effektstärken liegen bei 0.6 (Rosenthals r), was einem starken Effekt entspricht. Im Vergleich zu einer Nichtbehandlung liegen die Effekte immerhin noch bei 0.4. Da sich bei PTBS Symptome auch spontan vermindern können, sind die Effekte also etwas geringer als im reinen Prä-Post-Vergleich. Auch im Vergleich mit anderen Therapien, bei denen keine Exposition durchgeführt wurde (vor allem Entspannungsverfahren, aktives Zuhören), zeigen sich deutliche Effekte. Die Therapieeffekte von EMDR sind also nicht ausschließlich auf unspezifische Aufmerksamkeitskomponenten zurückzuführen. Im Vergleich zu Exposition in der Vorstellung ohne Augenbewegungen lassen sich jedoch nur noch minimale Effekte feststellen, die nicht mehr signifikant sind – das heißt, dass die Hauptwirkung vermutlich durch die Exposition und nicht durch die Augenbewegung erzielt wird und Augenbewegungen oder andere bilaterale Stimulationen überflüssig sind. Im Vergleich zu In-vivo-Exposition (z. B. am Ort eines Unfalls) und anderen Methoden der kognitiven Verhaltenstherapie zeigte sich sogar ein negativer Effekt, d. h. die Exposition in vivo bzw. andere kognitiv-behaviorale Verfahren waren der EMDR tendenziell überlegen.

> **!** Die Autoren kommen zu der Schlussfolgerung, dass EMDR eine wirkungs-
> volle Methode ist, dass aber die Behandlungskomponente, die der ganzen
> Methode ihren Namen gab, nämlich die Augenbewegung (oder andere
> bilaterale Stimulationen), vermutlich nicht wirkungsvoll ist.

2.2 Wirkkomponenten bei Elterntrainings

Eine weitere Methode, um Wirkkomponenten einer Therapie zu isolieren, stellen Regressionsanalysen dar. In mehreren Studien konnte gezeigt werden, dass sich durch Elterntraining aggressives Verhalten von Kindern erfolgreich verändern lässt (Döpfner, 2000), d. h. zwischen der Therapieart (Elterntraining vs. kein Elterntraining) und dem Therapieerfolg (der Reduktion von aggressivem Verhalten) besteht ein statistisch signifikanter Zusammenhang. Die Theorien, auf denen Elterntrainings basieren, sagen voraus, dass vor allem

► eine Veränderung des Erziehungsverhaltens (konsistentes Erziehungsverhalten),

► eine klare Kontrolle über das Verhalten des Kindes,

► eine verbesserte Eltern-Kind-Beziehung (mit vermehrten positiven Eltern-Kind-Interaktionen) sowie

► die Verminderung des Kontaktes mit anderen aggressiv auffälligen Kindern wesentlich zur Reduktion der Problematik beitragen. Diese Faktoren stellen also Mediatoren der Therapie dar. Nun lässt sich diese Theorie mit statistischen Verfahren, vor allem mit Regressionsanalysen überprüfen, d. h. es kann geprüft wer-

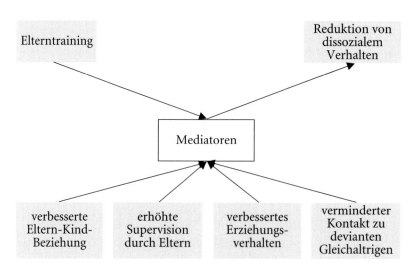

Abbildung 5.2. Wirkfaktoren (Mediatoren) von Elterntrainings bei aggressiv-dissozialen Kindern und Jugendlichen (nach Eddy & Chamberlain, 2000)

den, ob sich im Verlauf des Elterntrainings eben diese Mediatoren verändert haben und ob die Veränderung dieser Merkmale mit der Verminderung des aggressiven Verhalten in Beziehung stehen.

Dies konnten Eddy und Chamberlain (2000) belegen (s. Abb. 5.2). Falls diese Mediatoren tatsächlich die wirksamen Komponenten der Therapie darstellen, sollte der Zusammenhang zwischen Therapie und Therapieerfolg sich deutlich vermindern, wenn man den Anteil aus diesem Zusammenhang herausnimmt (herauspartialisiert), der durch die Veränderung der Mediatoren erklärt werden kann. Das konnte in der Studie tatsächlich belegt werden.

3   Schlussbemerkung

Die empirische Psychotherapieforschung macht im Bereich der kognitiv-behavioralen Verfahren erhebliche Fortschritte, die in ihrer praktischen Relevanz nicht zu unterschätzen sind: Zunehmend schälen sich für die verschiedenen Störungsbilder evidenzbasierte Therapieverfahren heraus. Der Weg von der schulenorientierten hin zur störungsspezifischen Therapie ist damit beschritten worden. Für die Praxis bedeutet dies, dass unabhängig von den Therapieschulen Methoden in den Therapiealltag integriert werden, die sich auch in empirischen Studien als wirkungsvoll erwiesen haben. Die Erforschung der wirksamen Therapieprozesse unterstützt diese Entwicklung nachhaltig – eine Entwicklung, an der die deutsche Kinderpsychotherapieforschung allerdings nur einen begrenzten Anteil hat.

Weiterführende Literatur

Döpfner, M. (2003). Wie wirksam ist Kinder- und Jugendlichenpsychotherapie? Psychotherapeutenjournal, 2, 258–266.
Döpfner, M. & Lehmkuhl, G. (2002). Die Wirksamkeit von Kinder- und Jugendlichenpsychotherapie. Psychologische Rundschau, 53, 184–193.
Döpfner, M. & Walter, D. (2002). Verhaltenstherapeutische Zugänge in der Adoleszenz. Psychotherapie im Dialog, 4, 345–352.

Literatur

American Academy of Child and Adolescent Psychiatry (1991). Practice Parameters for the assessment and treatment of attention-deficit hyperactivity disorder. Journal of the American Academy of Child and Adolescent Psychiatry, 30, I–III.

Barrett, P., Haylesy, W. & Turner, C. (2003). Freunde für Kinder. Gruppenleitermanual. München: Reinhardt.
Beelmann, A. & Schneider, N. (2003). Wirksamkeit von Psychotherapie bei Kindern und Jugendlichen. Eine Übersicht und

Meta-Analyse zum Bestand und zu Ergebnissen der deutschsprachigen Effektivitätsforschung. Zeitschrift für Klinische Psychologie und Psychotherapie, 32, 129–143.

Berns, U. & Berns, I. (2004). Replik zu Döpfner „Wie wirksam ist Kinder- und Jugendlichenpsychotherapie?" Psychotherapeutenjournal, 3, 40–44.

Büch, H. & Döpfner, M. (in Vorber.). Soziale Ängste, Therapieprogramm für Kinder und Jugendliche mit Angst- und Zwangsstörungen (THAZ), Band 2. Göttingen: Hogrefe.

Brestan E.V. & Eyberg, S.M. (1998). Effective psychosocial treatments of conduct-disordered children and adolescents: 29 years, 82 studies, and 5,272 kids. Journal of Clinical Child Psychology, 27, 180–189.

Casey, R.J. & Berman, J.S. (1985). The outcome of psychotherapy with children. Psychological Bulletin, 98, 388–400.

Chambless, D.L. & Hollon, S.D. (1998). Defining empirically supported therapies. Journal of Consulting and Clinical Psychology, 66, 7–18.

Chambless, D.L. & Ollendick, T.H. (2001). Empirically supported psychological interventions: controversies and evidence. Annual Review of Psychology, 52, 685–716.

Cohen, J. (1977). Statistical power analysis for the behavioral sciences (2nd ed.). New York: Academic Press.

Davidson, P.R. & Parker, K.C.H. (2001). Eye Movement Desensitization and Reprocessing (EMDR). A meta-analysis. Journal of Consulting and Clinical Psychology, 69, 305–316.

Deutsche Gesellschaft für Kinder- und Jugendpsychiatrie und Psychotherapie, Berufsverband der Ärzte für Kinder- und Jugendpsychiatrie und Psychotherapie in Deutschland, Bundesarbeitsgemeinschaft der leitenden Klinikärzte für Kinder- und Jugendpsychiatrie und Psychotherapie (2007). Leitlinien zu Diagnostik und Therapie von psychischen Störungen im Säuglings-, Kindes- und Jugendalter (3. Aufl.). Köln: Deutscher Ärzte Verlag.

Döpfner, M. (2000). Hyperkinetische Störungen und Störungen des Sozialverhaltens. Verhaltenstherapie, 10, 89–100.

Döpfner, M. (2003). Wie wirksam ist Kinder- und Jugendlichenpsychotherapie? Psychotherapeutenjournal, 2, 258–266.

Döpfner, M. (2004a). Erwiderung auf die Stellungnahmen von Fröhlich-Gildhoff und Berns & Berns. Psychotherapeutenjournal, 3, 44–48.

Döpfner, M. (2004b). Multimodale Kinder- und Jugendlichenpsychotherapie auf dem Weg zu einer Schulen übergreifenden Psychotherapie? In F. Resch & M. Schulte-Markwort (Hrsg.), Trauma Stress Konflikt. Langeooger Texte zur Psychotherapie im Kindes- und Jugendalter, Band 2 (S. 87–98). Stuttgart: Schattauer.

Döpfner, M. (2007a). Psychotherapie im Kindes- und Jugendalter. In C. Reimer, J. Eckert, M. Hautzinger & E. Wilke (Hrsg.), Psychotherapie. Ein Lehrbuch für Ärzte und Psychologen (3. vollst. neu bearb. Aufl., S. 614–629). Berlin: Springer.

Döpfner, M. (2007b). Ergebnisse der Therapieforschung zur Verhaltenstherapie mit Kindern und Jugendlichen. In M. Borg-Laufs (Hrsg.), Lehrbuch der Verhaltenstherapie mit Kindern und Jugendlichen, Band I: Grundlagen (2. Aufl., S. 199–235). Tübingen: DGVT-Verlag.

Döpfner, M., Breuer, D., Schürmann, S., Wolff Metternich, T., Rademacher, C. & Lehmkuhl, G. (2004). Effectiveness of an adaptive multimodal treatment in children with Attention Deficit Hyperactivity Disorder – global outcome. European Child and Adolescent Psychiatry, 12 suppl. I, 117–129.

Döpfner, M. & Esser, G. (2004). Leitlinien zur Diagnostik und Psychotherapie – Einführung in den Themenschwerpunkt. Kindheit und Entwicklung, 13, 59–63.

Döpfner, M., Frölich, J. & Lehmkuhl, G. (2000). Hyperkinetische Störungen. Leitfaden Kinder- und Jugendpsychotherapie, Band 1. Göttingen: Hogrefe.

Döpfner, M. & Lehmkuhl, G. (2002). Die Wirksamkeit von Kinder- und Jugendlichenpsychotherapie. Psychologische Rundschau, 53, 184–193.

Döpfner, M. & Petermann, F. (2004). Leitlinien zur Diagnostik und Psychotherapie von aggressiv-dissozialen Störungen im Kindes- und Jugendalter: ein evidenzbasierter Diskussionsvorschlag. Kindheit und Entwicklung, 13, 98–113.

Döpfner, M. & Petermann, F. (2008). Diagnostik psychischer Störungen im Kindes- und Jugendalter. Leitfaden Kinder- und Jugendpsychotherapie, Band 2 (2. überarb. Aufl). Göttingen: Hogrefe.

Döpfner, M., Schürmann, S. & Frölich, J. (2007). Therapieprogramm für Kinder mit hyperkinetischem und oppositionellem Problemverhalten THOP (4. Aufl.). Weinheim: Beltz PVU.

Döpfner, M., Schürmann, S. & Lehmkuhl, G. (2006). Wackelpeter & Trotzkopf. Hilfen für Eltern bei hyperkinetischem und oppositionellem Verhalten (3., überarb. Aufl.). Weinheim: Beltz PVU.

Döpfner, M., Walter, D., Rademacher, C. & Schürmann, S. (Hrsg.). (2004). Therapieprogramm für Jugendliche mit Selbstwert-, Leistungs- und Beziehungsstörungen, SELBST (5 Bde.). Göttingen: Hogrefe.

Eddy, J.M. & Chamberlain, P. (2000). Family management and deviant peer association as mediators of the impact of treatment condition on youth antisocial behavior. Journal of Consulting and Clinical Psychology, 68, 857–863.

Eyberg, S.M., Boggs, S. & Algina, J. (1995). Parent-child interaction therapy: a psychosocial model for the treatment of young children with conduct problem behavior and their families. Psychopharmacology Bulletin, 31, 83–91.

Fröhlich-Gildhoff, K. (2004). Stellungnahme zum Artikel von M. Döpfner „Wie wirksam ist Kinder- und Jugendlichenpsychotherapie?" Psychotherapeutenjournal, 3, 40–44.

Frölich, J., Döpfner, M., Berner, W. & Lehmkuhl, G. (2002). Effects of combined behavioural treatment with parent management training in ADHD. Behavioural

and Cognitive Psychotherapy, 30, 111–115.

Görtz-Dorten, A. & Döpfner, M. (in Vorber.). Therapieprogramm für Kinder mit aggressivem Verhalten (THAV). Göttingen: Hogrefe.

Hanisch, C., Plück, J., Meyer, N., Brix, G., Freund-Braier, I., Hautmann, C. & Döpfner, M. (2006). Kurzzeiteffekte des indizierten Präventionsprogramms für Expansives Problemverhalten (PEP) auf das elterliche Erziehungsverhalten und auf das kindliche Problemverhalten. Zeitschrift für Klinische Psychologie und Psychotherapie, 35, 117–126.

Harrington, R.C. (2001). Kognitive Verhaltenstherapie bei depressiven Kindern und Jugendlichen. Göttingen: Hogrefe.

Henggeler, S.W., Schoenwald, S.K., Borduin, C.M., Rowland, M.D. & Cunningham, P.B. (1998). Multisystemic treatment of antisocial behavior in children and adolescents. New York: Guilford.

Hibbs, E.D. (2001). Evaluating empirically based psychotherapy research for children and adolescents. European Child and Adolescent Psychiatry, 10, Suppl. 1, I/3–I/11.

Ihle, W. & Herrle, J. (2003). Stimmungsprobleme bewältigen. Ein kognitiv-verhaltenstherapeutisches Gruppenprogramm zur Prävention, Behandlung und Rückfallprophylaxe depressiver Störungen im Jugendalter nach Clarke, Lewisohn und Hops. Manual für Kursleiter. Tübingen: dgvt-Verlag.

Ihle, W., Ahle, M.E., Jahnke, D. & Esser, G. (2004). Leitlinien zur Diagnostik und Psychotherapie von depressiven Störungen im Kindes- und Jugendalter: Ein evidenzbasierter Diskussionsvorschlag. Kindheit und Entwicklung, 13, 64–79.

Joormann, J. & Unnewehr, S. (2002). Behandlung der Sozialen Phobie bei Kindern und Jugendlichen. Göttingen: Hogrefe.

Kaslow, N.J., Thompson, M.P. (1998). Applying the criteria for empirically supported treatments to studies of psychosocial interventions for child and adolescent depression. Journal of Clinical Child Psychology, 27, 146–155.

Kazdin, A.E., Bass, D., Ayres, W.A. & Rodgers, A. (1990). Empirical and clinical focus of child and adolescent psychotherapy research. Journal of Consulting and Clinical Psychology, 58, 729–740.

Kierfeld, F. & Döpfner, M. (2006). Bibliotherapie als Behandlungsmöglichkeit bei Kindern mit externalen Verhaltensstörungen. Zeitschrift für Kinder- und Jugendpsychiatrie und Psychotherapie, 34, 377–386.

Lewinsohn, P.M., Clarke, O.N., Hops, R. & Andrews, J. (1990). Cognitive-behavioral treatment for depressed adolescents. Behavior Therapy, 21, 385–401.

Lochman, J.E., Barry, T.F. & Pardini, D.A. (2003). Anger Control Training for Aggressive Youth. In A.E. Kazdin & J.R. Weisz (Eds.), Evidence-based psychotherapies for children and adolescents (pp. 263–281). New York: Guilford Press.

Melfsen, S., Schwieger, J., Kühnemund, M., Stangier, U., Stadler, C., Poustka, F. Heidenreich, T., Lauterbach, W. & Warnke, A. (2006). Die Behandlung sozialer Ängste im Kindes- und Jugendalter. Zeitschrift für Kinder- und Jugendpsychiatrie und Psychotherapie, 34, 203–214.

Mufson, L., Moreau, D., Weissman, M.M. & Klerman, G.L. (1993). Interpersonal psychotherapy for depressed adolescents. New York: Guilford.

Ollendick, T.H. & King, N.J. (1998). Empirically supported treatments for children with phobic and anxiety disorders: current status. Journal of Clinical Child Psychology, 27, 156–167.

Patterson, G.R. & Gullion, M.E. (1968). Living with children: New methods for parents and teachers. Champaign: Research Press.

Pelham, W.E., Wheeler, T. & Chronis, A. (1998). Empirically supported psychosocial treatments for attention deficit hyperactivity disorder. Journal of Clinical Child Psychology, 27, 190–205.

Petermann, U. & Petermann, F. (2006). Training mit sozial unsicheren Kindern (9., überarb. Aufl.). Weinheim: Beltz PVU.

Petermann, F. & Petermann, U. (2008). Training mit aggressiven Kindern (12., überarb. Aufl.). Weinheim: Beltz PVU.

Petermann, F., Döpfner, M. & Schmidt, M.H. (2007). Aggressiv-dissoziale Störungen. Leitfaden Kinder- und Jugendpsychotherapie, Bd. 3 (2., korr. Aufl.). Göttingen: Hogrefe.

Plück, J., Wieczorrek, E., Wolff Metternich, T. & Döpfner, M. (2006). Präventionsprogramm für Expansives Problemverhalten (PEP). Ein Manual für Eltern- und Erziehergruppen. Göttingen: Hogrefe.

Schmidt, S. & Döpfner, M. (2008). Gleichaltrigenprobleme im Jugendalter. Therapieprogramm für Jugendliche mit Selbstwert-, Leistungs- und Beziehungsstörungen, SELBST, Band 3. Göttingen: Hogrefe.

Schneider, S. & Döpfner, M. (2004). Leitlinien zur Diagnostik und Psychotherapie von Angst- und Phobischen Störungen im Kindes- und Jugendalter: ein evidenzbasierter Diskussionsvorschlag. Kindheit und Entwicklung, 13, 80–96.

Schneider, S. & In-Albon, T. (2006). Die psychotherapeutische Behandlung von Angststörungen im Kindes- und Jugendalter – Was ist evidenzbasiert? Zeitschrift für Kinder- und Jugendpsychiatrie und Psychotherapie, 34, 191–202.

Stark, K.D., Reynolds, W.M. & Kaslow, N.J. (1987). A comparison of the relative efficacy of self-control therapy and a behavioral problem-solving therapy for depression in children. Journal of Abnormal Child Psychology, 15, 91–113.

Suhr-Dachs, L. & Döpfner, M. (2005). Leistungsängste, Therapieprogramm für Kinder und Jugendliche mit Angst- und Zwangsstörungen (THAZ), Band 1. Göttingen: Hogrefe.

Treatment for Adolescents With Depression Study (TADS) Team (2004). Fluoxetine, cognitive-behavioral therapy, and their combination for adolescents with depression, Treatment for Adolescents With Depression Study (TADS) randomized controlled trial. Journal of the American Medical Association, 292, 807–820.

Tremblay, R.E., Pagani-Kurtz, L., Masse, L.C., Vitaro, F. & Phil, R. (1995). A bimodal preventive intervention for disruptive kindergarten boys: its impact through mid-adolescence. Journal of Consulting and Clinical Psychology, 63, 560–568.

Walter, D. & Döpfner, M. (2008). Leistungsprobleme im Jugendalter. Therapieprogramm für Jugendliche mit Selbstwert-, Leistungs- und Beziehungsstörungen, SELBST, Band 2. Göttingen: Hogrefe.

Walter, D., Rademacher, C., Schürmann, S. & Döpfner, M. (2007). Grundlagen der Selbstmanagementtherapie bei Jugendlichen. Therapieprogramm für Jugendliche mit Selbstwert-, Leistungs- und Beziehungsstörungen, SELBST (hrsg. M. Döpfner, D. Walter, C. Rademacher, S. Schürmann), Band 1. Göttingen: Hogrefe.

Webster-Stratton, C. (1994). Advancing videotape parent training: A comparison study. Journal of Consulting and Clinical Psychology, 62, 583–593.

Weisz, J.R. & Jensen, A.L. (2001). Child and adolescent psychotherapy in research and practice contexts: Review of the evidence and suggestions for improving the field. European Child and Adolescent Psychiatry, 10, suppl., 1/12–1/18.

Weisz, J.R., Weiss, B., Alicke, M.D. & Klotz, M.L. (1987). Effectiveness of psychotherapy with children and adolescents: A meta-analysis for clinicians. Journal of Consulting and Clinical Psychology, 55, 542–549.

Weisz, J.R., Weiss, B., Han, S., Granger, D.A. & Morton, T. (1995). Effects of psychotherapy with children and adolescents revisited: A meta-analysis of treatment outcome studies. Psychological Bulletin, 117, 450–468.

Wulf, K. & Döpfner, M. (in Vorber.). Trennungsängste, Therapieprogramm für Kinder und Jugendliche mit Angst- und Zwangsstörungen (THAZ), Band 3. Göttingen: Hogrefe.

Therapieschulen

6 Kinder- und Jugendlichen-Psychoanalyse

Hans Hopf

I Einleitung

Den Beginn der Kinderanalyse markieren zwei Krankengeschichten. Vor fast 100 Jahren veröffentlichte S. Freud „Die Analyse der Phobie eines fünfjährigen Knaben", die als „Kleiner Hans" – der Knabe hieß eigentlich Herbert – in die Geschichte der Kinderanalyse eingegangen ist (1909). Und 1913 publizierte Ferenczi die Fallnotiz „Ein kleiner Hahnemann" über den vierjährigen Arpád. Während Freud mit Hans nur eine kurze Begegnung hatte, ansonsten indirekt vom Vater des Jungen unterrichtet wurde, hatte Ferenczi eine regelrechte Sitzung mit seinem kleinen Patienten. Er gab dem Jungen Bleistift und Papier, damit er seine Ängste – in Gestalt eines bedrohlichen Hahns – aufzeichnen könnte. Ein psychoanalytisches Gespräch langweilte Arpád jedoch rasch, und er wollte „zu seinen Spielsachen zurück" (1913, S. 166). Die deutlichen Hinweise auf eine dem Kind angemessene „Sprache" und den Wunsch nach spezifischer Kommunikation konnte Ferenczi damals weder erkennen noch aufgreifen. Es blieb darum Hug-Hellmuth, A. Freud und Klein vorbehalten, das kindliche Spiel als Medium einzuführen, um die fehlenden Assoziationen zu ersetzen und damit die Psychoanalyse des Kindes zu begründen. Dennoch können Freud und Ferenczi quasi als die Väter der Kinder-Psychoanalyse gesehen werden: Sigmund Freud war erwiesener Lehrer seiner Tochter Anna, Ferenczi wurde erster Analytiker von Melanie Klein – beider Theorien beeinflussen die Kinder-Psychoanalyse entscheidend bis zum heutigen Tag und können nach wie vor als ihre tragenden Säulen bezeichnet werden.

Was ist Kinderanalyse?

Aktuelle Entwicklungen in der Kinderanalyse sollen in diesem Kapitel besprochen werden, und hier wird es bereits schwierig. Was wird unter Kinderanalyse verstanden? Holder hat dem Thema 2002 ein lesenswertes Buch gewidmet, in welchem er eine deutliche Abgrenzung und Differenzierung von Kinderanalyse und analytischer Psychotherapie einfordert. Er setzt ein hochfrequentes Setting von vier bis fünf Stunden pro Woche voraus, damit die Behandlung überhaupt als Kinderanalyse definiert werden kann. Doch selbst Holder schreibt über die Schwierigkeiten – ich meine sogar die Unmöglichkeit –, Kinderpatienten für eine „zeitaufwändige und finanziell belastende Psychoanalyse mit fünf Sitzungen pro Woche" (vgl. Holder, S. 157) zu finden. Sie ist kein Richtlinienverfahren und kann darum nicht – auch nicht zum Teil (!) – über eine Krankenkasse finanziert werden. Ich gehe mit den Überlegungen Müller-Brühns (2002) einher, dass eine hochfrequente Analyse in der Regel tiefgreifende und nachhaltige strukturelle Veränderungen erreichen kann, während bei der üblichen zweistündigen Frequenz die Behandlung stärker auf die Symptomauflösung und Förderung der Entwicklung konzentriert ist.

> **!** Die kinderanalytischen Ausbildungsbereiche sollten auch in kommenden – vermutlich schwierigen – Zeiten Ideal und Anspruch bleiben: Zumindest *eine* vier- oder wenigstens dreistündige Behandlung sollte jeder Kinderanalytiker einmal unter Supervision durchführen.

Die Fähigkeit, die fortwährende Spannung zwischen Anspruch und Realität auszuhalten, muss gemäß Müller-Brühn (2002) immer neu erprobt werden. Andererseits ist ein zweistündiges Setting nicht nur notwendiges „Übel", sondern durchaus ein annehmbarer Kompromiss, wie Ahlheim (1998, S. 131) schreibt: Die therapeutische Beziehung ist dicht genug, um Übertragungsphantasien und Widerstände systematisch zu bearbeiten. Zudem kann das Kind seinen Alltag noch gut bewältigen und besitzt dennoch ausreichenden Raum für Spiel und Freizeit.

Richtlinien-Setting. Es ist Realität, dass fast alle ambulanten Behandlungen von Krankenkassen finanziert werden mit dem Auftrag, krankheitswertige Symptome aufzulösen und entwicklungsbedingte Störungen zu beheben. Nicht zuletzt spielen hierbei auch wirtschaftliche Gesichtspunkte eine zentrale Rolle. Die analytische Kinder- und Jugendlichen-Psychotherapie hat sich als wissenschaftlich anerkanntes Behandlungsverfahren nach dem Psychotherapeutengesetz etablieren können. Die Häufigkeiten der in Deutschland durchgeführten Analysen mit einer – zeitweiligen – Frequenz von drei Sitzungen liegen seit Jahren bei 1 % und darunter. Offensichtlich wird über hochfrequente Behandlungen häufiger gesprochen, als dass sie durchgeführt würden.

Insofern stellt das zweistündige Richtlinien-Setting den kleinsten gemeinsamen Nenner der verschiedenen Interessen von Kinderpatient, Behandler und Krankenkasse dar (vgl. Ahlheim, 1998). Einem Vorschlag von Windaus (2003) entsprechend, soll im Folgenden auch nicht von Kinderanalyse gesprochen werden, sondern von Entwicklungen der Kinder- und Jugendlichen-Psychoanalyse, weil Kinderanalyse und analytische Kinder- und Jugendlichen-Psychotherapie exakt definierte Methoden beschreiben. Drei Bereiche sollen nun aufgezeigt werden:

(1) der theoretische Hintergrund der analytischen Kinder- und Jugendlichen-Psychoanalyse,
(2) der Einfluss anderer Wissenschaftsbereiche sowie
(3) die Auswirkungen des Psychotherapeutengesetzes auf Forschung und Lehre mit der Etablierung von ausschließlich tiefenpsychologisch fundiert arbeitenden Psychotherapeuten.

Anna Freud und Melanie Klein. Wie bereits erwähnt, blieb der Einfluss von A. Freud und Klein bestehen. A. Freuds ichpsychologische Behandlungstechnik – mit konsequenter Deutung der Abwehr – hat im Laufe der Zeit allerdings vielfältige Veränderungen erfahren. Der Klein'schen Behandlungstechnik näherte sie sich an – zumindest, was die Handhabung von Übertragung und Gegenübertragung betrifft. Neben der Bewusstmachung von unbewussten neurotischen Konflikten arbeitete A. Freud immer auch an der Behebung von Entwicklungshemmungen und -störungen (A. Freud, 1980). Die von ihr benannte „development help" ist innerhalb der Anna-Freud-Schule zur wichtigen Ergänzung der analytischen Arbeit geworden – im Sinne einer „Entwicklungsarbeit zur *Korrektur* der Vergangenheit" (vgl. Hurry, 2002, S. 79, Hervorh. d. Autorin). Der Analytiker wird nach diesem Verständnis zum Entwicklungsobjekt, von Alvarez (zit. n. Hurry, S. 83) auch „regenerierendes Objekt" genannt. Ein Kind, dem jede fundamentale Beziehungserfahrung vorenthalten blieb, kann dennoch wegen der angeborenen Präkonzeption eines lebenden menschlichen Objekts von einer belebenden therapeutischen Beziehung profitieren (vgl. Hurry, 2002). Mit den Arbeiten von Gill hat die Deutung im Hier und Jetzt, die lange Zeit kaum beachtet worden war, immer mehr an Einfluss in der Kinder-Psychoanalyse gewonnen (von Fonagy & Sandler, 1997, ausführlich diskutiert).

Heutige Rezeption. In einer eigenen Untersuchung von Examensarbeiten (Hopf, 1999) konnte ich feststellen, dass seit den 1980er-Jahren die Rezeption der Arbeiten von A. Freud stetig zurückging zugunsten der Werke von Klein, Bion und anderer Autoren kleinianischer Behandlungstechnik. Die Bedeutung dieser Arbeiten, sowohl für eine immer größer werdende Gruppe, welche stringent kleinianisch arbeitet, wie für die gesamte kinderanalytische Arbeit, kann inzwischen nicht hoch genug eingeschätzt werden. Essentials (damit sind unentbehrliche Grundanforderungen gemeint) wie

▶ Gegenübertragung als spezifische Reaktion auf den Patienten,
▶ projektive Identifizierung und
▶ Containment

sind mittlerweile selbstverständliches Allgemeingut bei fast allen kinderanalytisch arbeitenden Behandlerinnen und Behandlern geworden. Der heutige Stand der kleinianischen Psychoanalyse von Kindern und die Handhabung der behandlungstechnischen Neuerungen werden ausführlich bei Bott-Spilius (1990) dargestellt. Wie projektive Identifizierung und Gegenübertragung in der analytischen Arbeit eingesetzt werden können, wird mittlerweile in vielen anderen Arbeiten der Fachzeitschriften „Kinderanalyse" und „Analytische Kinder- und Jugendlichen-Psychotherapie" dokumentiert (u. a. auch bei Salzberger-Wittenberg, 2002). Winnicott hat zwar vielerlei Begriffe der kleinianischen Psychoanalyse modifiziert übernommen, ist jedoch ein ganz eigenständiger Denker und Schöpfer vieler einflussreicher Theorien; als Beispiel sei nur seine Vorstellung von der

„holding function" genannt: Nicht allein die Deutung, sondern der Heilungsfaktor der Beziehung zum Analytiker, die Verinnerlichungen der Objektbeziehungen und vor allem die Strukturierung des Selbst stehen im Mittelpunkt. Auch seine theoretischen Annahmen (beispielsweise vom Übergangsobjekt, der primären Mütterlichkeit, vom falschen Selbst) sind mittlerweile ubiquitär und nicht mehr aus der psychoanalytischen Arbeit mit dem Kind wegzudenken.

Selbstpsychologie. Stringente – ausschließlich – selbstpsychologische Arbeit mit Kindern und Jugendlichen wird eher selten durchgeführt (vgl. Seiler, 1998; Hilke, 2000). Allerdings haben die Arbeiten von Kohut und seinen Nachfolgern auch in Deutschland die Ausübung der kinderanalytischen Arbeit maßgeblich beeinflusst, insbesondere im Bereich der Diagnostik: Verschiedene Begriffe sind mittlerweile in den allgemeinen Sprachgebrauch eingegangen, z. B.

▶ Selbstobjektbedürfnisse und Selbstobjektübertragungen,
▶ Bedürfnisse nach Spiegelung,
▶ Idealisierung,
▶ Empathie.

Schulrichtungen und persönlicher Stil. Bestimmte Schulrichtungen sind an einzelnen Ausbildungsinstituten stärker vertreten. Allerorts haben sich auch Gruppierungen etabliert, die eine bestimmte Lehre vertreten und sich nach außen abgrenzen. Bereits die Dauer von Behandlungen lässt institutseigene (damit natürlich auch theoretische und behandlungstechnische) Unterschiede deutlich werden. In einer Untersuchung konnte beispielsweise festgestellt werden, dass am Heidelberger Institut ausgebildete Kinder- und Jugendlichen-Psychotherapeuten im Durchschnitt 75 Stunden für eine Behandlung benötigten, am Frankfurter Institut ausgebildete dagegen fast doppelt so viel, nämlich 148 (vgl. Hirschmüller et al., 1997). Die Großgruppe der analytischen Kinder- und Jugendlichen-Psychotherapeuten, auch der analytisch arbeitenden Psychologen und Ärzte, ist nicht schulgebunden und bezieht behandlungstechnische Neuerungen vieler (v. a. auch gegenwärtiger) Psychoanalytikerinnen und Psychoanalytiker in ihre psychoanalytische Arbeit ein; sie partizipieren somit an der Pluralität der Psychoanalyse, entwickeln jedoch vor dem Hintergrund der eigenen Persönlichkeit ihre ganz persönliche Sichtweise und ihren persönlichen Stil. Die zugrunde liegenden theoretischen und behandlungstechnischen Überzeugungen sind allmählich im Rahmen persönlicher Entwicklungsprozesse, durch Auseinandersetzung, Aufnahme und Abstoßung, durch Identifizierung und Unverträglichkeit mit wichtigen Personen und Theorien gewachsen und bedürfen darum immer auch der Anerkennung und Respektierung anders denkender und argumentierender Kolleginnen und Kollegen. Sie sollten zentrale Tugenden aller Diskussionen sein (vgl. Will, 2006, S. 69).

Therapieschulen

3 Der Einfluss aus anderen Wissenschaftsbereichen

3.1 Säuglingsbeobachtung und Säuglingstherapie

Anfänglich wurden alle Vorstellungen von einer inneren Welt und den frühen Beziehungserfahrungen des Säuglings in der Psychoanalyse von Erwachsenen über Rekonstruktionen gewonnen. Insbesondere fünf Psychoanalytikerinnen und Psychoanalytiker haben diese Einsichten durch direkte intersubjektive Beobachtungen ergänzt und maßgeblich verändert: A. Freud, Klein, Spitz, Mahler und Winnicott, z. B.

▶ hat Mahler die Kinder- und Jugendlichen-Psychoanalyse vor allem mit ihren Forschungen zu Symbiose und Individuation seit den 1970er-Jahren ungemein beeinflusst (vgl. Hopf, 1999), und

▶ die von Bick an der Tavistock Clinic konzipierte Säuglingsbeobachtung wurde zur wichtigsten Methode, die Beziehung und ihre Entwicklung bei Mutter und Kind zu erleben und zu verstehen.

Mittlerweile ist Säuglingsbeobachtung ein zentraler Ausbildungsinhalt an den meisten Instituten, wo zudem an Säuglingsambulanzen Babys und Kleinkinder mit spezifischen Störungen und ihre Eltern wirkungsvoll behandelt werden.

Kompetente Säuglinge. Mit seiner Zusammenschau und Diskussion der empirischen Forschungen konnte Dornes inzwischen das Bild von einem kompetenten Säugling vermitteln, dessen Wahrnehmungs- und Gefühlswelt von Anfang an komplex und differenziert ist. Dornes konnte das Bild der zwei Säuglinge – (1) den kognitiven der Säuglingsforschung und (2) den affektiven der Psychoanalyse – zu einem eindrücklichen Bild integrieren. Von Geburt an sind Säuglinge „kompetente Teilnehmer" zwischenmenschlicher Interaktionen (vgl. Dornes, 2002, S. 20f.); die Vorstellung – etwa Mahlers – dass es im Leben eine paradiesische Zeit der Symbiose gibt (das Bild eines symbiotisch-passiven Säuglings), wurde wesentlich revidiert. Der Säugling besitzt auf der Basis einer funktionierenden Beziehung zu primären Bezugspersonen Fähigkeiten, die er viel weiter entfalten kann, als einst angenommen wurde.

Bedeutung für die Praxis. Dieses Wissen um frühe Beziehungen, die zutiefst gestört werden können, wurde mit den Objektbeziehungstheorien Grundlage einer Säuglings- und Kleinkindtherapie, deren Effektivität mittlerweile außer Frage steht. Die Szene zwischen Mutter und Kind wird über die Analyse von Übertragung und Wahrnehmung der Gegenübertragung verstanden. Der Analytiker stellt sich als Container für unerträgliche Gefühle von Mutter und Kind zur Verfügung. Und die Mutter kann wieder inneren Raum gewinnen und ihre eigenen Fähigkeiten zu Containment erweitern (vgl. Knott, 2003).

3.2   Bindungsforschung

Seit Bowlby in den 1950er-Jahren zusammen mit Ainsworth die Bindungstheorie begründet hat, wurden seitens der Psychoanalyse anfänglich vielerlei – auch
kontroverse – Diskussionen geführt (u. a. bei A. Freud, 1958, 1960). Dass ein bio-
logisch angelegtes Bindungssystem existiert, welches unabhängig von sexuellen
und aggressiven Triebregungen sein soll, rief Zweifel und erbitterte Widerstände
hervor. Die Bindungsforschung erschien vielen Analytikern zudem zu mechanis-
tisch, sogar konkretistisch, es fehlten ihnen die inneren Realitäten. Mittlerweile
scheint diese Kluft überwunden zu sein, und die Bindungstheorien haben an
Einfluss auf die Kinder-Psychoanalyse gewonnen, insbesondere in der stationären Psychotherapie.
Bedeutung für die Praxis. 1999 leistete beispielsweise Brisch einen Brückenschlag
zwischen Bindungsforschung und psychoanalytischer Diagnostik und Therapie.
Er versuchte die Psychodynamiken von psychischen und psychosomatischen
Krankheitsbildern des Kindes- und Jugendalters aus dem Blickwinkel der Bindungstheorien neu zu sehen und anders zu verstehen. Weitere Veröffentlichun-
gen machen deutlich, dass die Diskussionen zwar längst nicht beendet sind, dass
jedoch die Bindungstheorie inzwischen in der klinischen Praxis freundlich will-
kommen geheißen wird. Wenn akzeptiert wird, dass sie einen zwar begrenzten,
jedoch ungemein wichtigen Aspekt der Persönlichkeit anders beleuchtet und
damit besser verstehbar macht, kann dies der Diagnose und Therapie eine ganz
neue Perspektive verleihen.

3.3   Psychobiologie und Traumaforschung

In den vergangenen Jahrzehnten wurde immer deutlicher, welche Folgen traumatische Ereignisse auf die Entwicklung von Kindern haben können – und dieses Spektrum ist sehr groß:
► von Belastungen durch Krieg,
► über Ablehnung durch die Eltern,
► bis zur körperlichen oder sexuellen Gewalt.
Mittlerweile ist bekannt, dass sich die Entwicklung des Gehirns auch nach der
Geburt fortsetzt und von der Interaktion mit der Umwelt und durch Erfahrungen
lebenslang beeinflusst wird. Findet ein Kind keinen Ausweg aus einer immer be-
drohlicher werdenden Situation, so führt die mit der anhaltend unkontrollierba-
ren Stressreaktion einhergehende Destabilisierung über kurz oder lang zum Zu-
sammenbruch seiner integrativen Regelmechanismen und damit zur Manifesta-
tion unterschiedlicher körperlicher und psychischer Störungen (vgl. Hüther, 2003).
Bedeutung für die Praxis. Je jünger ein Kind zum Zeitpunkt der Traumatisierung ist und je länger das Trauma dauert, umso höher ist die Wahrscheinlichkeit, dass es langfristige Probleme bei der Regulation von Wut, Angst und sexu-

ellen Impulsen bekommt. Dieser Verlust der Selbst-Regulation kann sich als Aufmerksamkeitsdefizit bemerkbar machen, also als ein Verlust der Fähigkeit, sich auf bestimmte Reize zu konzentrieren (wie von der viel zitierten, angeblich ausschließlich genetisch bedingten ADHS bekannt). Er zeigt sich aber auch als Unfähigkeit, im Erregungszustand Handlungen zu bremsen; diese Kinder reagieren mit unbeherrschter Angst, Wut oder Traurigkeit und werden somit ständig retraumatisiert. Den Langzeitwirkungen von frühen Traumatisierungen kann nicht genügend Achtung gewidmet werden, um die späteren Folgen (wie schwerste psychiatrische Erkrankungen, Drogenprobleme, Lernprobleme etc.) einigermaßen zu reduzieren. Sichere Bindungen sind die wichtigste Voraussetzung dafür, dass Kinder ihre inneren Zustandsänderungen regulieren lernen. Darum muss der Schwerpunkt einer psychotherapeutischen Behandlung auf der Entwicklung von stabilen Bindungen und interpersonaler Sicherheit liegen (vgl. van der Kolk & Bessel, 1998). Oft genügen aber selbst lange, ambulante Behandlungen nicht mehr, so dass stationäre Psychotherapie in entsprechenden Einrichtungen notwendig wird.

4 Die Auswirkungen des Psychotherapeutengesetzes

Die Aus- und Weiterbildung zum analytischen Kinder- und Jugendlichen-Psychotherapeuten war bislang von privaten Instituten geregelt worden, die sich in einer Ständigen Konferenz kontinuierlich abstimmten. Seit dem 1.1.1999 werden Ausbildung, Prüfung sowie Approbation gesetzlich geregelt. Mit diesem Gesetz wurden zum ersten Mal auch psychologische Psychotherapeuten und Kinder- und Jugendlichen-Psychotherapeuten approbiert, die *ausschließlich* zur Durchführung von tiefenpsychologisch fundierter Kinder- und Jugendlichen-Psychotherapie zugelassen sind. Mit den weitreichenden Konsequenzen dieser Tatsache will ich mich im Folgenden auseinander setzen.

Analytische versus tiefenpsychologische Verfahren. Es ist nicht der Ort, die Geschichte der so genannten tiefenpsychologisch fundierten Psychotherapie darzustellen und zu diskutieren, ich verweise hierzu auf die bestehende Literatur (Hohage, 2000; Wöller & Kruse, 2001; Pfleiderer, 2002). Wie die *analytische* ist auch die *tiefenpsychologisch* fundierte Kinder- und Jugendlichen-Psychotherapie ein von der Psychoanalyse abgeleitetes Verfahren. Interessanterweise geht der Kommentar der Psychotherapie-Richtlinien (2003) davon aus, dass eine exakte Unterscheidung der beiden Behandlungsarten in der Kinderpsychotherapie nicht begründet werden kann (S. 41), so dass auch die gleichen Kontingente gewährt werden. Dies erzeugt vor dem Hintergrund, dass es mittlerweile ausschließlich in tiefenpsychologisch fundierter Psychotherapie ausgebildete und arbeitende approbierte Kinder- und Jugendlichen-Psychotherapeuten gibt, letztendlich eine paradoxe Situation.

Der Stand der Theorie-Diskussion ist allerdings ein anderer. Wie in der Erwachsenenpsychotherapie können sehr wohl auch für die Kinder- und Jugendlichen-Psychotherapie Gemeinsamkeiten und Unterschiede der beiden Methoden herausgearbeitet werden. Gemeinsam ist den beiden Verfahren

▶ das Lehrgebäude der Psychoanalyse,
▶ die Annahme eines Unbewussten und einer Neurosenlehre,
▶ über Einsicht und positive Beziehungserfahrungen werden Besserung und Heilung erzielt,
▶ im Zentrum der Behandlung stehen Widerstand, Übertragung und Gegenübertragung,
▶ Neutralität und Abstinenz müssen gewahrt werden (vgl. Wöller & Kruse, 2001).

An dieser Stelle wird bereits deutlich, dass für beide Verfahren die gleiche umfassende psychoanalytische Ausbildung Voraussetzung sein muss. Tiefenpsychologisch fundierte Kinder- und Jugendlichen-Psychotherapie ist keine ausgedünnte Anwendung von Psychoanalyse; sie ist ein aus der Psychoanalyse abgeleitetes Verfahren mit modifizierter Behandlungstechnik. Indikationsstellung und Anwendungen der speziellen Technik verlangen sogar besondere Kenntnisse von Behandlerin oder Behandler. Wie sehen die Unterschiede aus?

▶ In der Regel ist die Behandlung niederfrequent und zeitlich begrenzt, die Behandlungsziele konzentrieren sich auf die Auflösung der Symptomatik und auf Verhaltensänderungen.
▶ Dies wirkt sich natürlich auf die Tiefe der Regression aus, welche insgesamt vermieden werden sollte.
▶ Konflikte werden fokussiert, das heißt, es werden psychische Krankheitsherde mit deutlich abgrenzbaren Konfliktbereichen aufdeckend bearbeitet.

Dies bedarf bekanntermaßen – wie bereits erwähnt – besonderer Erfahrungen und Kenntnisse. Zentraler Unterschied ist die Handhabung von Übertragung und Gegenübertragung. Die Entstehung einer Übertragungsneurose sollte vermieden werden; Übertragungsdeutungen sollten darum nicht im „Hier und Jetzt", sondern ausschließlich im „Dort und Damals" erfolgen. Dies macht es auch möglich, dass der Therapeut aktiver und direkter mit dem Material der Stunden umgeht. Ob andere Interventionsformen einbezogen werden können, hängt vom Geschick und Können des Behandlers ab, wahrzunehmen, was solche Techniken bei dem Patienten und seiner Übertragungsbeziehung bewirken.

> **!** Gerade bei Kindern ist Vorsicht angezeigt, weil viele direktive Verfahren, etwa manche Traumatherapien, zu große Nähe und damit Überwältigung induzieren können. Diagnose und Indikation müssen sorgfältig durchgeführt werden. Eine Indikationsstellung ist selbstverständlich nur dann möglich, wenn der Therapeut analytisch und tiefenpsychologisch fundiert arbeiten kann. (Eine ausführliche Diskussion der gesamten Problematik erfolgt u. a. bei Arp-Trojan et al., 2003.)

Ist also eine Ausbildung zu einem ausschließlich tiefenpsychologisch fundiert arbeitenden Kinder- und Jugendlichen-Psychotherapeuten – in der Regel mit weitaus geringeren Anforderungen – möglich, so wie das seit dem Psychotherapeutengesetz geschieht? Um tiefenpsychologisch fundierte Psychotherapie lege artis anzuwenden, bedarf es der gleichen anspruchsvollen psychoanalytischen Ausbildung und des gleichen theoretischen Grundwissens wie bei der analytischen Psychotherapie, da es nur um unterschiedliche Anwendungen und unterschiedliche Behandlungstechniken geht. Wir können uns auch keinen Internisten vorstellen, der lediglich Kenntnisse von den inneren Organen besitzt. Eine einheitliche Ausbildung in beiden Verfahren ist unumgänglich und wird auch vom Wissenschaftlichen Beirat so empfohlen. Aber die Weichen sind bereits gestellt, künftig werden zwei Ausbildungen stattfinden, eine umfassende wie bisher und eine in einem begrenzten Bereich der Kinder- und Jugendlichen-Psychoanalyse, so wie es bereits beim Erwerb des Zusatztitels Psychotherapie für Ärzte Realität ist.

2007 ist der Band V des Lehrbuches der Psychotherapie von Hopf und Windaus erschienen. 34 erfahrene und angesehene Kinder- und Jugendpsychiaterinnen und -psychiater sowie Kinder- und Jugendlichenpsychotherapeutinnen und -psychotherapeuten geben darin einen umfassenden Überblick über die aktuellen Entwicklungen in Theorie und klinischer Praxis der psychoanalytisch begründeten Verfahren der Kinder- und Jugendlichenpsychotherapie.

5 Ausblick

Kinderpsychoanalyse ist ein ganzheitliches Verfahren, dessen besondere Wirkung in der Behandlung der gesamten Person besteht. Nicht ausschließlich Symptomheilung wird angestrebt, sondern über die hilfreiche Beziehung wird vor allem auch Umstrukturierung ermöglicht, mit gleichzeitiger Anwendung der psychoanalytischen Theorie auf Paar-, Familien- und Gruppenprozesse. Nach wie vor wirkt die Kinderpsychoanalyse auch in viele Nachbardisziplinen hinein, wie etwa Pädagogik, Kinder- und Jugendpsychiatrie und Pädiatrie. Doch die Zeiten haben sich verändert, psychoanalytisches Denken ist weniger gefragt; monokausale und neurobiologische Erklärungsmuster sind auf dem Vormarsch. Windaus (2003) hat in einem Beitrag ausführlich diskutiert, was der Psychoanalyse und der Kinderpsychoanalyse von Kritikern entgegengebracht wird: Psychoanalysen dauerten zu lang, sie seien zu teuer und in ihrer Wirkung nicht effizient genug, sie seien nicht ausreichend evaluiert, zu wenig störungsspezifisch angelegt und insgesamt kognitiv-behavioralen Verfahren unterlegen (vgl. Grawe et al., 1993). Diese Kritik ist innerhalb der Psychotherapieforschung nichts Neues; ob sie in einigen Bereichen berechtigt ist, kann zumindest derzeit nicht immer ausreichend entkräftet werden. Mancher vermeintlich sichere Hintergrund dieser Kritiken beruht jedoch auch auf Missverständnissen und methodischen Fehlern. Tschuschke et al. (1997) konnten beispielsweise feststellen, dass das Güteprofil (also beispielsweise Dauer der Behandlung, Ausbildung der Therapeuten und konzeptgetreue Behandlung) der allermeisten der 897 von Grawe et al. im Buch verwendeten Studien keineswegs für eine Interpretation ausreichte. Demzufolge hätten die meisten der aufgeführten Studien auch nicht in seine Metaanalyse aufgenommen werden dürfen. Zieht man noch jene Studien ab, die ein Patienten-Klientel behandelt haben, welches nicht dem üblichen tiefenpsychologischen oder analytischen entspricht, hatten die übrig bleibenden Studien das beste wissenschaftliche Profil bei klientenzentrierter Gesprächspsychotherapie, dicht gefolgt von der tiefenpsychologischen Therapie. Wesentlich schlechter fielen die verhaltenstherapeutischen Studien aus, also anders als es dem Tenor von Grawes Aussagen entsprach.

Das bedeutet gleichzeitig umso mehr, dass alle Anstrengungen unternommen werden müssen, sich allen Fragen und Kritiken zu stellen und empirische Forschungen zur Wirksamkeit der Kinderpsychoanalyse in allen Bereichen zu initiieren und zu fördern. Auf erste Ergebnisse und Nachweise der Effektivität ist hinzuweisen (Winkelmann et al., 2003). In ihrer Heidelberger Studie zur analytischen Langzeittherapie bei Kindern und Jugendlichen konnten signifikante Reduktionen der Beeinträchtigungsschwere – also der krankheitswertigen Symptome – festgestellt werden:

▸ Im Mittelwert wurden die Werte von gesunden Kindern und Jugendlichen erreicht.
▸ Das soziale Funktionsniveau stieg ebenfalls signifikant an, und der Bindungsstil veränderte sich, hin zur sicheren Bindung.
▸ Die Kinder konnten negative Gefühle besser erleben und artikulieren, wandten sich stärker an ihre Eltern, konnten vertrauensvolle Beziehungen zu Gleichaltrigen aufbauen und Trennungsphasen leichter bewältigen.

Analytische Psychotherapie von Kindern führt also nicht nur zur Symptomreduktion, sie verbessert – bei entsprechender Dauer und Frequenz – auch defizitäre psychische Strukturen.

Literatur

Ahlheim, R. (1998). Das „normale" Setting: zwei Wochenstunden für das Kind. In U. Jungbloed-Schurig & A. Wolff (Hrsg.), „Denn wir können die Kinder nicht nach unserem Sinne formen". Beiträge zur Psychoanalyse des Kindes- und Jugendalters (S. 131–148). Frankfurt/M.: Brandes & Apsel.

Arp-Trojan, A., Breitsprecher, M. & Guercke, U. et al. (2003). Stellungnahme zu einem Missverständnis in der Richtlinienpsychotherapie. Analytische Kinder- und Jugendlichen-Psychotherapie, 118, 287–296.

Bott-Spilius, E. (Hrsg.). (1990). Melanie Klein Heute (Bde. I und II). Stuttgart: Verlag Internationale Psychoanalyse.

Brisch, K.H. (2001). Bindungsstörungen. Von der Bindungstheorie zur Therapie (2. Aufl.). Stuttgart: Klett-Cotta.

Dornes, M. (2002). Die emotionale Welt des Kindes (3. Aufl.). Frankfurt/M.: Fischer Taschenbuch Verlag.

Faber, R. & Haarstrick, R. (2003). Kommentar Psychotherapie-Richtlinien (6. Aufl.). München/Jena: Urban & Fischer.

Ferenczi, S. (1913/1970). Ein kleiner Hahnemann. Schriften zur Psychoanalyse Bd. I. Frankfurt/M.: S. Fischer Verlag.

Fonagy, P. & Sandler, A.M. (1997). Zur Übertragung und ihrer Deutung. Analytische Kinder- und Jugendlichen-Psychotherapie, 4, 373–396.

Freud, A. (1958, 1960). Diskussion von John Bowlbys Arbeit über Trennung und Trauer. In Schriften der Anna Freud, Bd. VI (S. 1771–1788). München: Kindler Verlag.

Freud, A. (1980). Wege und Irrwege der Kinderentwicklung. In Schriften der Anna Freud, Bd. VIII (S. 2121–2359). München: Kindler Verlag.

Freud, S. (1969). Analyse der Phobie eines fünfjährigen Knaben, Studienausgabe Bd. VIII (S. 9–123). Frankfurt/M.: S. Fischer Verlag.

Grawe, K., Donati, R. & Bernauer, F. (1994). Psychotherapie im Wandel – von der Konfession zur Profession. Göttingen: Hogrefe.

Heinemann, E. & Hopf, H. (2001). Psychische Störungen in Kindheit und Jugend. Stuttgart: W. Kohlhammer.

Hilke, I. (2000). Was heilt – die Perspektive der psychoanalytischen Selbstpsychologie. Analytische Kinder- und Jugendlichen-Psychotherapie, 1, 23–40.

Hirschmüller, B., Hopf, H., Munz, D. & Szewkies, J. (1997). Dauer und Frequenz analytischer Psychotherapie bei Kindern und Jugendlichen. VAKJP-Schriftenreihe Band 5. Mannheim: Vereinigung Analytischer Kinder- und Jugendlichen-Psychotherapeuten in Deutschland e.V. (VAKJP).

Holder, A. (2002). Psychoanalyse bei Kindern und Jugendlichen. Geschichte, Anwendungen, Kontroversen. Stuttgart: W. Kohlhammer.

Hopf, H. (1999). „… selbständig und von kritischem Denken begleitet …" – Wandlungen von Theorien im Spiegel der Literatur von Examensarbeiten. In B. Ochs-Thurner (Hrsg.), 20 Jahre Psychoanalytisches Institut „Stuttgarter Gruppe" (S. 77–79). Stuttgart: Psychoanalytisches Institut „Stuttgarter Gruppe".

Hopf, H. & Windaus, E. (Hrsg.). (2007). Psychoanalytische und tiefenpsychologisch fundierte Kinder- und Jugendlichenpsychotherapie. München: CIP-Medien.

Hohage, R. (2000). Analytisch orientierte Psychotherapie in der Praxis, Diagnostik, Behandlungsplanung, Kassenanträge (3. Aufl.). Stuttgart, New York: Schattauer.

Hüther, G. (2003). Die Auswirkungen traumatischer Erfahrungen auf die Hirnentwicklung. In L. Koch-Kneidl & J. Wiesse (Hrsg.), Entwicklung nach früher Traumatisierung, Psychoanalytische Blätter Bd. 23 (S. 25–38). Göttingen: Vandenhoeck & Ruprecht.

Hurry, A. (2002). Psychoanalyse und Entwicklungstherapie. In A. Hurry (Hrsg.), Psychoanalyse und Entwicklungsförderung von Kindern (S. 43–88). Frankfurt/M.: Brandes & Apsel.

Knott, M. (2003). Psychoanalytische Arbeit mit Säuglingen, Kleinkindern und deren Eltern, dargestellt an statistischem Material aus der psychotherapeutischen Babyambulanz Stuttgart. Analytische Kinder- und Jugendlichen-Psychotherapie, 120, 527–544.

Müller-Brühn, E. (1998). Geschichte und Entwicklung der analytischen Kinder- und Jugendlichen-Psychotherapie. In U. Jungbloed-Schurig & A. Wolff (Hrsg.), „Denn wir können die Kinder nicht nach unserem Sinne formen". Beiträge zur Psychoanalyse des Kindes- und Jugendalters. Frankfurt/M.: Brandes & Apsel.

Müller-Brühn, E. (2002). Psychoanalytische Identität und analytische Kinderpsychotherapie. Analytische Kinder- und Jugendlichen-Psychotherapie, 114, 231–253.

Pfleiderer, B. (2002). Tiefenpsychologisch fundierte Psychotherapie bei Kindern und

Jugendlichen. Praxis der Kinderpsychologie und Kinderpsychiatrie, 51, 31–38.

Salzberger-Wittenberg, I. (2002). Psychoanalytisches Verstehen von Beziehungen. Wien: Facultas Universitätsverlag.

Seiler, K. (1998). Aggression aus der Perspektive der psychoanalytischen Selbstpsychologie. In H. Hopf, Aggression in der analytischen Therapie mit Kindern und Jugendlichen (S. 92–108). Göttingen: Vandenhoeck & Ruprecht.

Stern, D.N. (1993). Die Lebenserfahrung des Säuglings (3. Aufl.). Stuttgart: Verlag Klett-Cotta.

Tschuschke, V., Heckrath, C. & Tress, W. (1997). Zwischen Konfession und Makulatur – Zum Wert der Berner Metaanalyse von Grawe, Donati und Bernauer. Göttingen: Vandenhoeck & Ruprecht.

van der Kolk & Bessel, A. (1998). Zur Psychologie und Psychobiologie von Kindheitstraumata. Praxis der Kinderpsychologie und Kinderpsychiatrie, 47, 19–35.

Will, H. (2006). Psychoanalytische Kompetenzen. Standards und Ziele für die psychotherapeutische Ausbildung und Praxis. Stuttgart: W. Kohlhammer.

Windaus, E. (2003). Die Zukunftsfähigkeit der Kinder- und Jugendlichen-Psychoanalyse. Analytische Kinder- und Jugendlichen-Psychotherapie, 120, 545–569.

Winkelmann, K. et al. (2003). Heidelberger Studie zur analytischen Langzeitpsychotherapie bei Kindern und Jugendlichen, Zwischenbericht III. Heidelberg: Institut für Analytische Kinder- und Jugendlichen-Psychotherapie Heidelberg und Psychiatrische Universitätsklinik Heidelberg.

Wöller, W. & Kruse, J. (Hrsg.). (2001). Tiefenpsychologisch fundierte Psychotherapie, Basisbuch und Praxisleitfaden. Stuttgart, New York: Schattauer.

Therapieschulen

Forum: Adoleszenz

7 Editorial

Franz Resch • Michael Schulte-Markwort

Adoleszenz ist mehr als ein biopsychosozialer Reifungsschritt. In der Adoleszenz finden auf somatischer, psychischer und sozialer Ebene fundamentale Metamorphosen statt, die das Individuum eine neue Komplexitätsstufe der Anpassung erreichen lassen. Die somatischen Entwicklungsschritte gehen weit über die Ausbildung sekundärer Geschlechtsmerkmale hinaus und umfassen zerebrale, neuro-vegetative und neuro-endokrine Veränderungen, die als funktionelle Differenzierungsschritte aufzufassen sind. Die psychosozialen Entwicklungsschritte sind nicht minder komplex. Die Jugendlichen sehen sich mit einer Reihe von Entwicklungsaufgaben konfrontiert: Es geht um Identitätssicherheit und Selbstwertregulation, die Ablösung vom Elternhaus, das Eingehen von intimen Partnerbeziehungen und die Übernahme von Verantwortung. Aus sozialen Rollen werden Herausforderungen, aus oberflächlichen Idolbildungen werden tiefe Identifikationen mit Wesenszügen, Verhaltensweisen und Zielsetzungen von besonders attraktiven Erwachsenen. Annette Streeck-Fischer beschreibt in ihrem Beitrag diesen Werdegang der Adoleszenz – diesen Eintritt in die Gegenwartskultur, der niemandem erspart geblieben ist und bleibt. Unsere komplexe Informationsgesellschaft wird auch „Postmoderne" genannt. Das Erwachsenwerden als kulturelle Metamorphose ist Inhalt des Beitrags mit Frau Westhoff. Die postmodernen Rahmenbedingungen stellen das Individuum vor eine „Qual der Wahl", denn die Chancen des Handelns sind vielfältig und müssen aus den vermeintlichen Sachzwängen und sozialen Forderungen erst herausgeschält werden. Auf den Jugendlichen liegt ein hoher Verantwortungsdruck, sich erfolgreich öffentlich in Szene zu setzen. Wenn Jugendliche an diesen Aufgaben scheitern, führt dies zu Krisen und steigert bei vulnerablen Individuen das Risiko, an einer psychischen Störung zu erkranken.

Adoleszenz

8 Adoleszenz und Postmoderne

Franz Resch • Kerstin Westhoff

1 Adoleszenz

Die Adoleszenz kennzeichnet den psychischen Prozess des Übergangs von der Kindheit ins Erwachsenenalter. Während der Begriff Pubertät biologische Reifungsschritte benennt, die durch vielfältige somatische Veränderungen geprägt sind, umfasst die Adoleszenz eine Reihe von psychosozialen Wandlungsschritten, die den Menschen als Subjekt und Gemeinschaftswesen in die Erwachsenenwelt einführen (du Bois & Resch, 2005). Die Phase der Adoleszenz verlangt in Folge ihrer tiefgreifenden Wandlungen von jedem Individuum eine normative Neuorientierung. Entgegen der früheren psychodynamischen Ansicht, dass alle Jugendlichen eine normative Krise durchlaufen, zeigen heutige Konzeptionen einer Psychodynamik auf empirischer Basis, die an Entwicklungsaufgaben und Entwicklungsthemen orientiert sind, dass die Adoleszenz auch ohne krisenhafte Zuspitzung produktiv bewältigt werden kann (Resch et al., 1999; Seiffge-Krenke, 1998).

Körperliche Veränderungen

Die pubertären somatischen Veränderungen unterliegen der Steuerung durch verschiedene hormonelle Systeme. Das Körperwachstum wird beeinflusst, der Anteil von Fett zu Muskelgewebe verändert sich, die Belastbarkeit von Blutkreislauf und Atmungssystem nimmt zu und im Rahmen der Geschlechtsreife entwickeln sich die Sexualorgane. Sekundäre Geschlechtsmerkmale wie Scham- und Körperbehaarung, Brustentwicklung und die endgültige Stimmlage bilden sich aus. Bei Mädchen beginnt die Pubertät mit der Brustentwicklung. Im Anschluss daran erfolgt die Schambehaarung. Die erste Menstruation folgt erst, nachdem die genannten körperlichen Veränderungen bereits sichtbar geworden sind. Bei Jungen beginnt die Pubertät mit einer Vergrößerung der Hoden, danach setzen die Schambehaarung und der Beginn des Peniswachstums ein. Parallel zur Pubertätsentwicklung vollzieht sich auch die Knochenreifung. Während der somatischen Reifung im Jugendalter erfahren auch Hirnfunktionen eine Neustrukturierung, wobei alle Netzwerke umgebildet werden.

Psychische Veränderungen

Kognitionen. Die Auswirkungen der somatischen Veränderungen auf die psychischen Ebenen sind vielgestaltig. Das Körperschema muss mit den Veränderungen Schritt halten. Prozesse der Kognition und Affektregulation werden ebenfalls betroffen. Das Selbst als höchste Komplexitätsstufe der psychischen Struktur wird umstrukturiert und den Entwicklungsaufgaben der Identitätsfindung und Selbstwertregulation neu unterworfen. Auch der Stil des Denkens ändert sich: Das konkret anschauliche Denken wird durch das Denken im formalen Operationen abgelöst. Der Jugendliche entwickelt die Fähigkeit, Hypothesen zu bilden, zu falsifizieren und zu verifizieren, Probleme in Lösungsschritten zu formulieren und aus logischen Schlüssen Erkenntnisse zu ziehen.

Soziales Wissen und Werte. Auch das soziale Wissen erweitert sich, vor allem das soziale Echo wird mit besonderer Aufmerksamkeit belegt. Die zunehmende Fähigkeit zur Introspektion und Reflexion ist hervorzuheben. Jugendliche begeben sich auf die Suche nach dem Eigenen. Sie stellen Nachforschungen zu ihrer Herkunft und nach den Anfängen ihrer Lebensgeschichte an. Auf diese Weise suchen die Jugendlichen mit wachsender Kritikfähigkeit ihre ganz persönlichen Stellungnahmen zur Welt. Wertsysteme und Autoritäten werden nicht mehr unhinterfragt übernommen. Dabei kann es zu Wertekrisen kommen, wenn in unterschiedlichen Lebensfeldern, z. B. in Familie, Gleichaltrigengruppe, Schule und Freizeit, unterschiedliche Werthaltungen zu erkennen sind, die sich als unvereinbar erweisen. Ein hohes Werteideal macht Jugendliche gegenüber Verlogenheiten und der moralischen Doppelbödigkeit so mancher sozialer Zielsetzung kritisch. Die faulen Kompromisse der Erwachsenen zwischen hohen Zielen und niedriger Bedürfnisbefriedigung werden entlarvt. Eine nihilistische Entwertung sämtlicher Moralvorstellungen der Erwachsenenwelt kann zur „No-future-Haltung" Anlass geben. Ersatzweise versuchen sich manche Jugendliche an einem rigiden Maßstab von Macht und Gewalt zu orientieren.

Affekte. Neue Strategien der Konfliktlösung durch verstärkte soziale Perspektivenübernahme stehen emotionalen Turbulenzen gegenüber. Die Fähigkeit von Jugendlichen zur Affektsteuerung und sozialen Anpassung kann vorübergehend durch gesteigerte Erregbarkeit überfordert werden. Je nach Temperament beobachten wir Phänomene der Übersteuerung mit Zwanghaftigkeit, Rigidität und Engstirnigkeit oder Hinweise auf Untersteuerung, die in Form von Impulskontrollverlust, aggressiven Durchbrüchen, einem sich Gehenlassen und den Zeichen allgemeiner affektiver Instabilität auftreten können. Das Ringen um Identität und Selbstwert wird nicht selten durch vorübergehende Entfremdungserlebnisse begleitet. Die Individualität entwickelt sich im Spannungsfeld zwischen Autonomiestreben und Bindung. Das Gelingen der Ablösungsaufgabe ist stark an die Anerkennung in der Gleichaltrigengruppe gebunden, wobei auch eine stabile Selbstwertregulation und das Gelingen der Identitätsfindung eine Voraussetzung bilden. Auch die Befähigung zur interpersonalen Intimität wird nur schrittweise erworben. Über eine Klischeestufe gelangen die Jugendlichen schließlich zu einem individuationsbezogenen Niveau mit Selbstöffnung und Dialogfähigkeit. Im Rahmen der Adoleszenz kann es zur krisenhaften Zuspitzung selbstregulatorischer Prozesse kommen, die als adoleszentäre Krisen mit unterschiedlicher Intensität von Risikoverhaltensweisen imponieren.

2   Risikoverhaltensweisen

Risikoverhaltensweisen stellen Handlungsmuster des jugendlichen Individuums dar, die durch einen Mangel an

► Selbstfürsorge,
► Gesundheitsbewusstsein und
► sozialer Umsicht

gekennzeichnet sind, wodurch ein Gefährdungspotential für den Jugendlichen entsteht. Diese erhöhte Risikobereitschaft hat jedoch in einem tieferen Sinne das Ziel, die Identität der eigenen Person zu sichern, Bedeutung zu erlangen und den Selbstwert zu regulieren. Risikoverhaltensweisen können dem Individuum vorübergehend über aktuelle Probleme in der Auseinandersetzung mit den eigenen Entwicklungsaufgaben hinweghelfen. Auf längere Sicht beeinträchtigen sie jedoch die weiteren Entwicklungschancen. Im schlimmsten Fall kumulieren im Risikoverhalten die Auswirkungen genetischer Prädilektionen und psychotraumatischer Vorschädigungen, so dass schließlich aus der Krise eine psychische Krankheit werden kann.

Gibt es einen Zusammenhang zwischen Risikoverhaltensweisen und gesellschaftlichen Faktoren?

Auf Grund von empirischen Befunden werden säkulare Trends psychischer Störungen im 20. Jahrhundert am Übergang zum 21. Jahrhundert beschrieben, die sich in einer Zunahme von

► depressiven Verstimmungen,
► Essstörungen,
► Substanzmissbrauch,
► delinquenten Verhaltensweisen und
► selbstschädigendem Verhalten in jüngeren Lebensaltern

äußern (Brunner et al., 2007; Herpertz-Dahlmann et al., 2008; Rutter & Smith, 1995). Dem steht gegenüber, dass es zumindest in Mitteleuropa Kindern und Jugendlichen in materieller Hinsicht so gut geht wie nie zuvor, wobei auch die gesundheitliche Versorgung und das gesellschaftliche Interesse an Kindern und Jugendlichen gegenüber früheren Jahrhunderten ein besonderes Ausmaß erreicht hat. Es gilt, allgemeine Trends und spezifische Risikogruppen ausfindig zu machen: Aus den Ergebnissen der Studie zur Gesundheit von Kindern und Jugendlichen in Deutschland (KiGGS-Studie; Hölling et al., 2007) ist abzuleiten, dass speziell Kinder und Jugendliche mit Migrationsstatus und aus niedrigen sozio-ökonomischen Schichten ein Gefährdungspotential besitzen. Probleme treten vor allem dort auf, wo Jugendliche nicht den Anschluss ans Bildungssystem finden (Haffner et al., 2006) und so in eine Rolle von „funktionellen Analphabeten" verfallen, die leicht politischen Manipulationen ausgesetzt sein können, von Arbeitslosigkeit bedroht sind und nur mit Mühe den Anforderungen einer zunehmend komplexer werdenden Gesellschaft entsprechen können.

3   Die Postmoderne

Unsere gesellschaftliche Gegenwart der hoch technisierten Zivilisationen wird sozialphilosophisch mit dem Begriff „postmodern" belegt, um auszudrücken, dass wir die Epoche des modernen Wandels von Traditionsstrukturen hinter uns gelassen haben. Der Begriff der Postmoderne wurde von Jean François Lyotard geprägt (1990) und er bezeichnet einen Zeitgeist, der nicht durch eine Zielrichtung, einen Stil, eine Mode, einen Mythos und eine verbindliche Geschichte gekennzeichnet ist, sondern umfasst ein Gesellschaftssystem, das durch Vielfalt, Mehrdeutigkeit, Mehrwertigkeit und Mehrdimensionalität geprägt wird. Der Flickenteppich ist ein gutes Bild für die heutige Situation. Werte und Regeln gelten nur innerhalb bestimmter Kontexte. Die Reichweite von Erklärungen für gesellschaftliche Phänomene nimmt ab und Weltbilder fallen wie in einem Kaleidoskop zu immer neuen Gestalten zusammen. Die Postmoderne hat sich dadurch von einem Totalitätsanspruch einer Lösungsmöglichkeit für alle gesellschaftlichen Probleme gelöst. Für die Condition Humaine gibt es keine einheitliche Erklärung mehr, das Eine und Ganze hat sich aufgelöst. Gewonnen wird dadurch ein Spielraum der Pluralität, mit zunehmendem Bewusstsein für Differenzen zwischen unterschiedlichen Denk- und Sichtweisen. Eine Mehrsprachigkeit im Zugang zur Welt, eine Vielfalt von Sichtweisen und damit schließlich eine Diversität von Wahrheiten werden zu zentralen Erkenntnissen. Eine Welt, die nur als Mehrsprachenmodell erklärbar wird, erinnert schließlich aber an den Turmbau zu Babel und birgt die Gefahr der wechselseitigen Verständnislosigkeit in sich. Wie kann eine Gesellschaft ohne historisierende Richtungsweisung existieren? Können Kunst, Wissenschaft, Philosophie und Wirtschaft noch einen gemeinsamen Bedeutungshorizont finden? Gibt es noch eindeutige Informationswege vom Expertentum in den gelebten Alltag? Gehen wir in das Zeitalter einer „neuen Neugier" oder verfallen wir einer fragmentierten Welt in Beliebigkeit und Chaos? Die Gefahr ist ein simplifizierender Fundamentalismus, in den jene zurückzufallen drohen, die durch Einfalt der Vielfalt von Lebenszusammenhängen begegnen möchten.

Drei zentrale Werte der Postmodernen

Den klassischen Werten des Schönen, Wahren und Guten stehen in der Postmodernen drei zentrale Maßstäbe entgegen. Diese drei heiligen Kühe des gegenwärtigen soziologischen und kulturhistorischen Diskurses, sollen im Folgenden näher benannt werden.

(1) Authentizität. Zentral ist der Begriff der Authentizität.

> **Definition**
>
> **Authentizität** kennzeichnet die Übereinstimmung des Subjektes mit sich selbst, unabhängig von ästhetischen und moralischen Kriterien.

Es ist das Stimmige, mit sich Übereinstimmende, das heißt: Im Zentrum des Eigentlichen steht das Subjekt. Es geht um Originalität und Identität der Selbstäußerungen mit der Person ohne Täuschung und Verfälschung. Als Gegensatz von authentisch wären „nicht echt", „gekünstelt", „verstellt" oder „vorgemacht" zu nennen. Auch in der Kunst wird das Authentische zum zentralen Kriterium hochstilisiert (Knaller & Müller, 2006).

Authentizität besitzt eine Aura von Echtheit, Wahrhaftigkeit und Ursprünglichkeit und wird heute zu einem erfolgreich eingesetzten Markenartikel. Unverfälschtheit und Unverstelltheit werden dabei inszeniert. Der Druck auf den Einzelnen wächst, sich selbst zu designen, zu entwerfen. Auch Körper und soziale Beziehungen sind dann nur Objekte der authentischen Inszenierung. Es handelt sich dann um eine vorgetäuschte Echtheit, um eine virtuelle Realität, in der die Authentizität sozusagen in gelungener Verfälschung Echtheit vortäuscht. Ein ganzer Authentizitätsindustriezweig schürt die Sehnsucht nach Echtheit, nützt, bedient und kommerzialisiert dieselbe. Das Spektrum der Authentizität reicht somit von der Realityshow als banalisierter Unmittelbarkeit bis zur politisch strategischen Verwertung eines Eindrucks von Nichtverlogen- und Echtseins, wobei die inszenierte Authentizität nicht selten dann auch den Bezug zur Wahrheit preisgibt. Der Philosoph Frankfurt (2006) hat diese vorgetäuschte Echtheit „bullshit" genannt – als wesentliches Element der gegenwärtigen politischen Diskussion.

(2) Evidenz. Die zweite heilige Kuh ist die Evidenz. Evidenz täuscht uns eine wissenschaftliche Lösbarkeit aller Lebensprobleme vor. Es geht um die Berechenbarkeit von Zuständen und Ereignissen, um Kontrolle, Vorhersage und Überprüfbarkeit. Was wir in all den von Leitlinien geprägten Vorgehensweisen übersehen, ist die Machtausübung durch rhetorisch überhöhte Datendiskussion und Expertentum, wobei die empirische Evidenz durch mathematische Regeln nur transparent erscheint. In unserer Expertenhörigkeit nehmen wir in Kauf, dass wir die meisten Argumentationen gar nicht mehr bis ins Detail durchschauen und selbst überprüfen können. Es kommt zu einem Verlust von Anschaulichkeit. In vieler Hinsicht sind wir zum Knopfdruck erniedrigt und in einer Position erlernter Hilflosigkeit gegenüber dem Primat der Wissenschaft gefangen. So werden nicht selten Werteentscheidungen heute hinter wissenschaftlich berechneten Notwendigkeiten versteckt und der politische Diskurs bedient sich – um glaubwürdig zu sein – nicht selten der Berufung auf wissenschaftliche Erkenntnisse.

(3) Effizienz. Die dritte heilige Kuh ist die Effizienz. Effizienz und Perfektion heiligen die Mittel. Dadurch entsteht eine Getriebenheit, denn alle Beziehungen treten hinter die Effizienz von Arbeitsabläufen zurück. Dort, wo Effizienz die Alltagsabläufe beherrscht, wird aber der Mensch teilweise verdrängt.

Als Beispiel sei der Hafen von Hamburg genannt, in dem ein technisch versierter Mensch Lademaschinen steuert, die mit großer Perfektion in gespenstischer Leere Schiffe in Rekordzeit be- und entladen können. Aber all die Menschen, die früher einen Hafen zum Getümmel gemacht haben, sich ein paar Groschen verdienten, um sie in umliegenden Bars wieder auszugeben, sind von der Bildfläche verschwunden.

Effektiv und perfekt zu sein erfüllt immer ein lineares Ziel. Alle Nebenziele und Nebeninteressen werden weitgehend ausgeschaltet. Prinzipiell geht es dabei um Gelderwerb, um Schnelligkeit von Tätigkeiten und um die Genauigkeit von Arbeitsprozessen. Aber was technisch sinnvoll und ökonomisch einträglich ist, muss sozial nicht immer wertvoll sein. Was in perfekter Effizienz nicht selten verloren geht, ist die Sinnhaftigkeit der Tätigkeit für den Arbeitenden selbst. Das Bedeutsamsein, das kurze Gefühl des von Arbeit Erfülltseins, das sich Wichtignehmen, das Kreative und Abwandelbare findet sich ja schließlich oft in den Nischen des Imperfekten, in den Freiräumen des Wartens, Innehaltens und Ausweichens, im Überraschtwerden und überraschen dürfen. So kann das technisch Perfekte und ökonomisch Effiziente in Extremfällen zur sozialen Verödung führen. Daraus resultieren Dilemmata postmoderner Wertvorstellungen: Zwischen Authentizität und Virtualität entsteht ein Spannungsbogen, der den Einzelnen unter Druck setzt. Die Evidenz steht mit Kreativität im Widerstreit, wenn es darum geht, sich von Bisherigem zu lösen und Neues auszuprobieren. Und die Effizienz steht mit moralischen Kriterien dann im Gegensatz, wenn sie der Maschine das Primat verleiht und den Menschen zunehmend aus Arbeitsprozessen verdrängt.

4 Die kritischen Sieben

Trotz Wohlstand, technischer Glanzleistungen, Informationsvielfalt und Entwicklungschancen sind die Kontinuitätsbrüche, die Traditionsabrisse und Werteverrückungen, die Sinnentstellungen und Anpassungsbeschleunigungen der heutigen Gegenwart nicht außer Acht zu lassen.

Ab welchem Grad der Vervielfältigung beginnt die Beliebigkeit, wann werden Brüche und Neuanfänge zur Zerstückelung, wann wird Beschleunigung zum Wahnwitz? Da gibt es wohl individuelle Unterschiede der menschlichen Kohärenzfähigkeit! Der bisherige Zenith an Machbarkeit in Nanotechnologie, Gentechnologie und Computertechnologie hat zu Kontinentalverschiebungen in gesellschaftspolitischen Prozessen und in den Wertediskussionen geführt. Die Durchdringung des familiären Alltags, des Dienstleistungsbereichs, der Bildungs-

und Sozialstrukturen mit radikal ökonomischen Prinzipien erschließt neue Bedeutungshorizonte für bisherige Grundbegriffe der menschlichen Beziehungs- und Erziehungskultur. Für Wertediskussionen zum Thema „Menschenwürde" zeigt sich eine „… gleitende Skala und die fehlende Erkennbarkeit eines festen Bodens" (Zitat Böckenförde, 2003, aus Kapitel 5 von Osten, 2004).

Ab welchem Zeitpunkt flexibel gesetzter sozialer Leitlinien beginnt im subjektiven Erleben des Einzelnen ein Chaos der Orientierung? Ab wann wird Vielfalt zum Überdruss? Ab welchen Dimensionen möglicher Wahlangebote entstehen Starre, Lähmung und Abstumpfung durch Überforderung? Die Antwort auf diese Fragen muss ebenfalls individuelle Unterschiede beachten.

In der Postmoderne wird eine Polarität zwischen „Qual der Wahl" und „Chancen des Handelns" aufgemacht. Sieben kritische Punkte sind hervorzuheben:

(1) Informationsvielfalt

Unsere Zeit ist durch eine nie geahnte Informationsvielfalt gekennzeichnet. Im Internet erschließt sich ein Zugang zum Weltwissen, vom Kunstschatz bis zur Anleitung zum Bombenbasteln. Weltweite Nachrichtendienste überziehen uns mit einer Bilderflut, die bei mangelnder Auswahl zur Reizüberflutung führen kann oder den Einzelnen in einem suchtartigen Gebanntsein im flüchtigen Zugang zu Bildern festmacht. Das Wertvolle und das Billige werden auf gleicher Augenhöhe dem Konsumenten angeboten. Entwicklungsgefährdendes und Bereicherndes müssen vom Konsumenten selbst gefiltert und beurteilt werden.

(2) Erfolgsorientierung

Erfolgsorientierung und Konkurrenzdruck führen zu einem notwendigen Prozess des lebenslangen Lernens und sich Bemühens. Der Arbeitsprozess fordert von allen Arbeitnehmern die Orientierung an Leistungskriterien, perfektionierten Leitlinien und einem Benchmarkingsystem, das mehr und mehr einer Ökonomisierung des Alltagslebens Vorschub leistet.

(3) Komplexität gesellschaftlicher Probleme

Die Komplexität gesellschaftlicher Problemstellungen bedingt für viele eine Unüberschaubarkeit sozialer Phänomene. Selten greifen kausale Modelle nachhaltig. Viele Entscheidungen müssen nach Systemgesichtspunkten und den kybernetischen Regelwerken getroffen werden. Auch der im Nebel Stochernde muss trotzdem handeln.

(4) Vielfalt der Wertmaßstäbe

Die Vielfalt der Wertmaßstäbe religiöser, ökonomischer und ästhetischer Urteile bewirkt bei dem nach Halt Suchenden eine Unsicherheit dessen, was richtig und gut ist.

(5) Kulturelle Vielfalt

Die kulturelle Vielfalt und Schnittmenge unterschiedlichster Ethnien einer globalisierten Welt ermöglicht interessante Begegnungen, birgt aber auch die Gefahren eines Aufeinanderpralls unterschiedlicher Kulturen in sich. Nicht selten macht sich Angst vor dem Fremden in fundamentalistischen und fremdenfeindlichen Konzepten Luft.

(6) Mobilität

Die von der Globalisierung geforderte Mobilität leistet familiären Trennungen Vorschub. Es gilt für den Arbeitnehmer den Verzicht auf Sesshaftigkeit und Verwurzelung für die eigene Karriere zu leisten. Dem steht die Notwendigkeit von Bindungen und Beziehungen im Mikrosystem der Familie gegenüber. Es fällt zunehmend schwer, einen Ort des „zu Hauseseins" zu definieren.

(7) Flexibilität des Denkens

Eine Flexibilität des Denkens, der sozialen Rollen und der unterschiedlichen Lebenssphären wird gefordert. In Jobwechsel, Rollenwechsel und Ortswechsel entsteht die Gefahr der Beliebigkeit und der sozialen Diffusion.

Wo soll der Jugendliche in diesem Spannungsfeld eine persönliche Identität, ein gefestigtes Selbstverständnis und einen stabilen Selbstwert erringen? Wir wissen, dass mehr als ein Drittel der Jugendlichen den Herausforderungen der Postmodernen gut gewachsen ist. Wir sehen hervorragend gebildete, differenzierte Jugendliche, die jedoch einer Gruppe von 15–20 % der Jugendlichen gegenübersteht, die den Anschluss nicht richtig schaffen.

Die postmodernen Chancen bedürfen einer hohen Ausbildungs- und Bildungsqualität, einer hohen Selbstreflexionsfähigkeit und Selbststeuerung, sowie einer guten emotionalen Differenzierung mit kommunikativer Kompetenz.

Die Pluralität suggeriert dem Jugendlichen: „Alles ist offen"! Die angebotene Chance, alles erreichen zu können, ist jedoch nicht wahr. Wenn angeblich alles erreichbar ist, bleiben der Misserfolg und die Einschränkung am Individuum selbst hängen. Je weniger Selbstwert, Identitätssicherheit und Erfolgserwartung das Individuum mitbringt, umso mehr stabilisiert es sich in dieser Entscheidungsunsicherheit mit Risikoverhaltensweisen.

Während die vorherrschende Einengung im neurotischen Überbau eines „ich darf nicht" bestand und zu Schuldgefühlen Anlass gab, ist in der Postmodernen dieses „ich darf nicht" einem Übermaß des ernüchternd demütigenden „ich kann nicht" gewichen.

5   Der emotionale Dialog

Wie entwickelt sich der emotionale Dialog in der postmodernen Gesellschaft? Die vom verstärkten Alltagsstress und ihrer eigenen Orientierungslosigkeit genervten und erschöpften Erwachsenen verknappen den emotionalen Dialog mit ihren Kindern. Es herrscht ein Zeitmangel in den wichtigen Beziehungen. Ungeduld, Missverstehen, mangelnde Passung bis hin zur seelischen Traumatisierung kennzeichnen viele Eltern-Kind-Interaktionen. Kinder werden dadurch in frühe Verselbständigung gedrängt und parentifizierenden Einflüssen ausgesetzt. In anderer Weise bleiben Jugendliche schließlich von ihren Eltern materiell abhängig und unselbständig. Während Kinder in ihrer Bedeutsamkeit narzisstisch aufgeladen werden, liegt in der Erfüllung von Elternwünschen ein Risikofaktor der Selbstentwicklung.

Die Beeinträchtigung des emotionalen Wechselspiels im Mikrosystem schwächt schließlich die Persönlichkeitsentwicklung des Kindes. Die Heranwachsenden sind immer weniger bereit und in der Lage, den Herausforderungen der postmodernen Informationsgesellschaft nachzukommen. Wenn ein Scheitern des Einstiegs droht, dann kommt es in der Adoleszenz zu Problemen der Identitätsfindung, des Selbstwertes, der Intimität und sozialen Rollenfindung. Risikoverhaltensweisen sind die Folge. Dort hat der vermehrte Konsum von Freizeit, Medien, Alkohol und Drogen seinen Hintergrund als Krücke der Person, als Ersatzwelt. Der internalisierte Vorwurf des Ungenügens, der Hohn am eigenen Nichtgelingen, selbst Schuld zu sein, die Hoffnungslosigkeit und Aussichtslosigkeit an der Schwelle zum Erwachsenwerden bleiben schließlich nicht ohne Folgen: Gerade die Jugendlichen mit problemhaften Entwicklungen gefährden sich und ihre Zukunftschancen durch vermehrte Risikoverhaltensweisen bis hin zu Selbstmordversuchen, weil sie sonst an ihrer Identitätsunsicherheit, Scham und Selbstzweifeln ersticken müssten. Daraus entsteht ein Teufelskreis.

Die Aufgaben der Erwachsenen

Was hat eine Verschiebung von psychischen Belastungen und Irritationszeichen in immer jüngere Lebensalter mit uns selbst zu tun? Sind wir die geeigneten Vorbilder? Gestalten wir Beziehungskontexte? Unterstützen wir die Persönlichkeitsentwicklung unserer Kinder und Jugendlichen durch Verbindlichkeit, Respekt, Rhythmen der Gemeinsamkeit und verlässliche Rituale? Haben wir sinnstiftende Werte, denen wir folgen – außer Geld und Erfolg? Sind wir so enthusiastisch und hoffnungsvoll in den Alltagen, dass Kinder und Jugendliche sich an uns orientieren können?

Risikoverhalten ist in seiner schlimmsten Form Fluchtverhalten und führt dann in eine Selbstvernichtungsschleife. Das belastete Individuum kehrt in den Dunstkreis der postmodernen Vielfalt als Opfer oder potentieller Täter mit destruktivem Potential zurück. Und in allen Selbstverletzungen und eskalierten Risikoverhaltensweisen macht der Jugendliche sich und andere zum wertlosen

Ding, an und mit dem verzweifelte Inszenierungen ausgelebt werden. Im Paradox der Selbstverdinglichung und im suchtartigen Selbstkonsum wird die Sehnsucht, sich zu behaupten und zu definieren ausgelebt. Dieses Paradox durch gelebte Gemeinsamkeit im Sinne der Intersubjektivität von unserer Seite aufzulösen, ist unsere Aufgabe als Erwachsene. Nur wenn wir selbst glaubhaft jene Wege gehen, über die wir unsere Kinder und Jugendlichen in die Zukunft geleiten wollen, werden wir tragfähige Brücken zwischen den Generationen bauen.

Literatur

Brunner, R., Parzer, P., Haffner, J., Steen, R., Roos, J., Klett, M. & Resch, F. (2007). Prevalence and Psychological Correlates of Occasional and Repetitive Deliberate Selfharm in Adolescents. Archives of Pediatric and Adolescent Medicine, 161 (7), 641–649.

du Bois, R. & Resch, F. (2005). Klinische Psychotherapie des Jugendalters. Stuttgart: Kohlhammer.

Frankfurt, H.G. (2006). Bullshit. Frankfurt a. M.: Suhrkamp.

Haffner, J., Roos, J., Steen, R., Parzer, P., Klett, M. & Resch, F. (2006). Lebenssituation und Verhalten von Jugendlichen. Ergebnisse einer Befragung 14- bis 16-jähriger Jugendlicher und deren Eltern im Jahr 2005. Heidelberg: Gesundheitsamt Rhein-Neckar-Kreis.

Herpertz-Dahlmann, B., Resch, F., Schulte-Markwort, M. & Warnke, A. (Hrsg.). (2008). Entwicklungspsychiatrie Biopsychologische Grundlagen und die Entwicklung psychischer Störungen (2. Aufl.). Stuttgart: Schattauer.

Hölling, H., Erhart, M., Ravens-Sieberer, U. & Schlack, R. (2007). Verhaltensauffälligkeiten bei Kindern und Jugendlichen. Erste Ergebnisse aus dem Kinder- und Jugendgesundheitssurvey (KiGGS). Bundesgesundheitsblatt Gesundheitsforschung Gesundheitsschutz, 50, 784–793.

Knaller, S. & Müller, H. (2006). Authentizität. Diskussion eines ästhetischen Begriffs. München: Wilhelm Fink Verlag.

Lyotard, J.-F. (1990). Beantwortung der Frage: was ist postmodern? In P. Engelmann (Hrsg.), Postmoderne und Dekonstruktion. Texte französischer Philosophen der Gegenwart (S. 33–48). Stuttgart: Reclam.

Osten, M. (2004). Das geraubte Gedächtnis. Digitale Systeme und die Zerstörung der Erinnerungskultur. Frankfurt a. M.: Insel.

Resch, F., Parzer, P., Brunner, R., Haffner, J., Koch, E., Oelkers, R., Schuch, B. & Strehlow, U. (1999). Entwicklungspsychopathologie des Kindes- und Jugendalters. Ein Lehrbuch (2. Aufl.). Weinheim: Beltz PVU.

Rutter, M. & Smith, D.J. (1995). Psychosocial disorders in young people. Time, trends and their causes. Chichester, New York: Wiley & Sons.

Seiffge-Krenke, I. (1998). Adolescents' Health. A Developmental Perspective. Mahwah, NJ: Lawrence Erlbaum.

Adoleszenz

Psychische Gesundheit in der Adoleszenz

Annette Streeck-Fischer

1 Biologische Veränderungen

Die biologischen Veränderungen beginnen weitaus früher als gemeinhin angenommen. Die pubertäre Entwicklung ist die Folge der Verbindung von zwei Reifungsprozessen, der Adrenarche und der Gonadarche. Die Adrenarche bezeichnet den Beginn der Nebennierenreifung beim Kind, etwa ab dem 6. bis 10. Lebensjahr. In dieser Zeit kommt es zum physiologischen Anwachsen der Androgen-Sekretion der Nebennierenrinde. Dadurch wird das Haarwachstum in Achselhöhle und Schamgegend angeregt. Außerdem ändert sich die Zusammensetzung des Schweißes. Das Wachstum der Schamhaare wird als Pubarche bezeichnet. In der Gonardarche, dem Beginn der Pubertät, kommt es zu einer deutlichen Erhöhung des Testosterons bei Jungen und des Östrogens bei Mädchen. Ab dem Alter von zwölf Jahren ist die Höhe der Geschlechtshormonproduktion relativ stabil. Damit einhergehend setzt eine Vergrößerung der Hoden beim Jungen und zum Wachstum der Ovarien beim Mädchen ein. Der Gonardarche folgt etwa ein Jahr später die Menarche beim Mädchen sowie die Spermiogenese beim Jungen.

Früherer Eintritt der Pubertät. Von Bedeutung ist, dass die hormonalen Veränderungen immer früher in der Entwicklung auftreten. Die pubertäre Reifung hat noch vor 100 Jahren erst im 15. und 16. Lebensjahr begonnen, während sie heute bei einem Alter von neun bis zwölf Jahren liegt (mit kleineren Abweichungen in den verschiedenen Ländern). Das bedeutet, dass die Zeit der Pubertät und Adoleszenz allein aus der biologischen Perspektive heraus sich von ursprünglich vier

Jahren auf einen Zeitraum von zehn bis zwölf Jahren verlängert hat (Dahl, 2004).

2 Adoleszenz und Neurobiologie

In der Vorpubertät kommt es zu einem schnellen Anwachsen der körperlichen und mentalen Fähigkeiten. Neuronale Kreisläufe werden neu- und reorganisiert. Dies geht mit Veränderungen in Volumen einiger Hirnregionen einher. Zu Beginn der Pubertät nimmt die graue Hirnsubstanz zu, in der Adoleszenz dagegen ab, während die weiße Hirnsubstanz wächst. Diese Entwicklungsprozesse sind mit einer Zunahme höher strukturierter kognitiver Fähigkeiten, einschließlich steuernder Fähigkeiten (vgl. Walker, 2004: inhibition capacities), verbunden.

Die dramatischen Veränderungen im sozialen Verhalten während der Adoleszenz, z. B. in der sozialen Wahrnehmung, den Emotionen und der Kognition, finden ihre Entsprechungen in den Veränderungen im neuronalen Netzwerk. Nelson et al. (2005) schlagen ein vereinfachtes Modell im Hinblick auf die Vernetzung von sozialen Informationsverarbeitungen in der Adoleszenz vor. Hierbei gehen sie von drei verschiedenen Knotenpunkten aus:

(1) dem Entdeckerknoten (detection node), der Reize kategorisiert und für die Aufnahme und Verarbeitung von Wahrnehmungen sowie ihrer Einordnung verantwortlich ist. Sie lokalisieren diesen Knotenpunkt in das inferiore okzipitale Cortexareal und die inferioren Regionen des temporalen Cortex sowie den intraparietalen Sulcus und die Region des fusiformen Gyrus.

(2) dem affektiven Kern, der durch die Geschlechtshormone anatomisch und funktionell während der Pubertät reorganisiert wird. Durch die Geschlechtshormone wird die Antwortbereitschaft auf soziale Stimuli verändert. Sie haben einen starken Effekt auf soziale Prozesse, sexuelles Verhalten, soziale Beziehungen und Gedächtnis. Der affektive Knoten ist vor allem mit Regionen verbunden, die auf Belohnung und Strafe reagieren, Von Bedeutung sind hier die Amygdala, das ventrale Striatum, das Septum, der Hypothalamus und unter bestimmten Bedingungen auch der orbitofrontale Cortex. Die Geschlechtshormone haben eine ausgeprägte Wirkung darauf, wie der affektive Knoten reagiert. Es scheint, dass dieser Bereich in der Adoleszenz besonders wichtig ist. Hierfür sprechen die Verhaltensweisen Jugendlicher, die mit einer mangelnden Fähigkeit einhergehen, ihre Affektivität zu regulieren. Sie zeigen eine Hypersensibilität gegenüber der Akzeptanz oder auch Zurückweisung von Gleichaltrigen und reagieren auf negative interpersonelle Erfahrungen sehr empfindlich.

(3) dem kognitive Knoten: Bei der Regulation von kognitiven Prozessen ist vor allem der präfrontale Cortex von Bedeutung, ebenso die orbitofrontalen, ventrolateralen und mediofrontalen Regionen. Anders als beim affektiven

Knoten, in dem es zu dramatischen Veränderungen kommt, sind die kognitiven Entwicklungen eher langsam. Eine endgültige Reife ist erst im frühen Erwachsenenalter erreicht. Fähigkeiten, etwa sich zu regulieren, eine Situation frühzeitig zu berechnen, zu planen oder auch neu auftauchende Vorstellungen und Wünsche zurückzuhalten, gelingen zumeist erst im vollen Umfang am Ende der Adoleszenz.

3 Adoleszenz und Entwicklungsaufgaben

In der Adoleszenz stellen sich dem Jugendlichen fünf verschiedene altersspezifische Entwicklungsaufgaben (Corey, 1946).
(1) mit den körperlichen Veränderungen vom kindlichen zum erwachsenen Körper fertig zu werden,
(2) sich von den Eltern loszulösen,
(3) neue Beziehungen zu Gleichaltrigen aufzubauen und insbesondere sexuelle Bedürfnisse in Beziehungen zu integrieren,
(4) Selbstvertrauen und ein neues Wertsystem zu entwickeln und
(5) soziale und berufliche Identität zu gewinnen.
Jede dieser Entwicklungsaufgaben kann mit krisenhaften Bewältigungen verbunden sein, die Kinderpsychiatern und -psychotherapeuten vertraut sind.

(1) Körperliche Veränderungen
Die Akzeptanz der körperlichen Veränderungen stellt für Jugendliche eine erhebliche Problematik dar. Die Auseinandersetzung mit den körperlichen Veränderungen in der Adoleszenz ist eine zentrale Entwicklungsaufgabe. Häufig sind Depersonalisationserfahrungen mit den Veränderungen des Körpers verbunden. Der Körper kann als völlig fremd erlebt werden, oder er wird zu einer Begegnung mit dem gleichgeschlechtlichen Elternteil. Jugendliche können mit übertriebener Beachtung des eigenen Körpers auf der einen Seite und Verleugnung und Missachtung der körperlichen Bedingungen auf der anderen Seite reagieren. Mit stundenlangem In-den-Spiegel-Sehen wird Kontinuität und Wiedererkennung gesucht. Weibliche Jugendliche können mit vorübergehenden Essstörungen reagieren, um den Prozess der biologischen Reifung aufzuhalten bzw. den Adoleszenzprozess zu blockieren.

(2) Loslösung von den Eltern
Jugendliche kämpfen in dieser Zeit um Eigenständigkeit und Autonomie und wollen zugleich gesehen und versorgt werden. Aus diesem Widerspruch finden sie, aber auch die Eltern mitunter nur schwer heraus. Eltern werden jetzt von ihren Kindern im Hinblick auf ihre Lebensform und ihre Beziehung zueinander kritisch betrachtet und geprüft. Es ist die Zeit, da die Eltern sich oftmals fragen

und infrage stellen müssen, ob das, was sie ihren Kindern vorleben, ob ihr eigener Lebensentwurf tatsächlich zum Nachahmen und zur Identifizierung geeignet ist. Sind die Eltern in dem, was sie vorleben, unattraktiv, kommt es zu heftigen Auseinandersetzungen oder der Jugendliche zieht sich enttäuscht zurück. Was von den Eltern gesagt und vorgelebt wird, wird dann nur noch negativ und schlecht beurteilt. Nicht selten wird der Dialog mit den Eltern mit der Folge wechselseitiger Verständnislosigkeit ganz abgebrochen. Der abrupte Bruch mit den Eltern, der die notwendige innere und äußere Auseinandersetzung verhindert, geht jedoch damit einher, dass der Jugendliche an den idealen Elternbildern seiner Kindheit festhält.

(3) Kontakte zu Gleichaltrigen aufbauen

Die Kontakte zu gleichaltrigen, sowohl gleich- als auch andersgeschlechtlichen Jugendlichen bekommen in der Adoleszenz eine hervorragende Bedeutung. Sie helfen, die Ablösung von den Eltern zu unterstützen und Normen und Orientierungen in Abgrenzung zur Erwachsenengeneration zu finden. Dabei ist die Integration von sexuellen Bedürfnissen in die Beziehung zum Freund bzw. zur Freundin eine schwierige Aufgabe. Es gibt Jugendliche, die ihre Hungergefühle oder das Bedürfnis nach Nahrung überwinden, sobald sie einen Freund oder eine Freundin gefunden haben. Andere stürzen sich geradezu in sexuelle Beziehungen zu Gleichaltrigen oder zu Älteren.

(4) Entwicklung von Selbstvertrauen und eigenen Werten

Die Entwicklung von Selbstvertrauen und eines eigenständigen Wertesystems ist eine wichtige und schwierige Anforderung zugleich. Die kindlichen Norm- und Wertorientierungen sind ursprünglich ganz nach denen der Eltern ausgerichtet. Der Jugendliche stellt mit der Ablösung von den Eltern auch deren Werte und deren Normorientierungen in Frage. Er muss eigene, von der Zustimmung der Eltern unabhängige Wert- und Lebensvorstellungen entwickeln. Das bedeutet oft, dass bis dahin gültige Wertorientierungen zwar verloren gehen, neue zunächst jedoch noch nicht an deren Stelle gerückt sind. Dieser relative Verlust von Wertorientierungen kann sich in vorübergehenden antisozialen Verhaltensweisen, u. U. gar in kriminellen Handlungen bemerkbar machen.

(5) Entwicklung einer sozialen und beruflichen Identität

Die Entwicklung einer sozialen und beruflichen Identität als Aufgabe steht am Ausgang der Adoleszenz. Mit dem notwendigen Prozess der Selbst- und Berufsfindung können infantile und aus der Kindheit fortdauernde Konflikte über die gewählte berufliche Ausrichtung und in der Berufsrolle auf einem neuen und gesellschaftlich integrierten Niveau ausgetragen werden, sie werden mit anderen Worten sublimiert.

4 „Starting the engines with an unskilled driver"

Jugendforscher und Psychotherapeuten entwerfen unterschiedliche Bilder der Adoleszenz. Während bei den Jugendforschern die jetzt sich entwickelnden Fähigkeiten im Vordergrund stehen, sehen die Psychoanalytiker und Psychotherapeuten das Krisenhafte in der Adoleszenz (vgl. Fend, 1990). Dabei findet möglicherweise jeder das, wonach er sucht. Während die akademische Psychologie vor allen Dingen die kognitiven Strategien und die Bewältigungsstrategien, die in dieser Lebensphase hinzukommen, mit ihren Fragebögen erfasst (vgl. auch Shellstudie, 2006: „Die pragmatische Generation"), beschäftigen sich die Psychotherapeuten mit den emotionalen Bedingungen der Adoleszenz. Diese unterschiedlichen Bilder die krisenhafte Affektivität und die coolen Kognitionen, die jeweils abgefragt werden werden vor dem Hintergrund der neuronalen Veränderungen in dieser Zeit nachvollziehbar.

Das Bild der Lokomotive, die von einem unausgebildeten Fahrer in Bewegung gebracht wird (Dahl, 2004), bringt anschaulich die Situation des Jugendlichen zum Ausdruck, der unter Trieb- und Dampfdruck steht und vielleicht mal zu schnell, mal zu langsam fährt, der Signale übersieht, vielleicht auf Nebengleisen landet usw. Die Bedeutung der Dysregulationen, die in der Adoleszenz auftreten, wird an folgenden Daten deutlich (Dahl, 2004): So steigt die Mortalität und Morbidität im Adoleszenzalter um 200 %. Es kommt zu einer hohen Anzahl von Unfällen, Selbstmorden, Tötungen, Depressionen, Alkohol- und Drogenabusus, Gewalt, unachtsamen Verhalten, Essstörungen und Gesundheitsproblemen. Dies hat mit einer Zunahme des Risikoverhaltens, der Sensationssuche und Achtlosigkeit zu tun. Jugendliche haben vermehrte Schwierigkeiten in der Kontrolle ihres Verhaltens und ihrer Emotionen. Der Begriff der Adoleszenzkrise, die auf Variationen in der Entwicklung der Adoleszenz hinweisen, erscheint von daher gerechtfertigt.

4.1 Adoleszenz aus der Sicht der akademischen Psychologie

Aus der Perspektive der akademischen Psychologie (vgl. Helbing-Tietze, 2004) kommt der Frühadoleszente in die Lage, nicht nur zu erkennen, dass andere Personen anders denken und fühlen, sondern auch dass die eigenen Gefühle und Vorstellungen, die eigenen Präferenzen und Merkmale andere Menschen beeinflussen. Zugleich wird ihm deutlich, dass ihm Kompetenzen zur wirkungsvollen Einflussnahme noch fehlen.

In der mittleren Adoleszenz wird dem Jugendlichen durch die vermehrten Rollenbeziehungen und aufgrund der qualitativen kognitiven Veränderungen der Widerspruch und der Gegensatz im eigenen Denken, Fühlen und Handeln stärker bewusst, ohne dass der Jugendliche bisher über eine integrative Theorie verfügt. Im Vordergrund steht der Jugendliche als Produzent seiner eigenen Entwicklung. Dem von Krisen geschüttelten Jugendlichen aus der psychodynamischen Betrachtung, der z. B. sogar noch im Rahmen einer normalen Adoleszenz psychotisch dekompensieren konnte (Laufer, 1980), steht auf Seiten der akademischen Psychologie der kompetente Jugendliche gegenüber, der auf reife Bewältigungsstrategien zurückgreift.

4.2 Adoleszenz aus psychoanalytischer Sicht

Während Freud in Verbindung mit der Zweizeitigkeit der sexuellen Entwicklung die Adoleszenz als eine zentrale Phase der Integration von Sexualität in Beziehungen und der Anpassung an eine dynamische, expansive Kulturstruktur sieht, hat Anna Freud (1968) vor allen Dingen die Ich-Fähigkeiten in den Vordergrund gestellt, die in dieser Zeit möglich werden und im Dienste der progressiven Entwicklung stehen, die mit der Abwehr der infantilen Bindungen und der Abwehr gegen triebhafte Impulse in Verbindung stehen. Laufer (1980) hat die Sexualität ins Zentrum seiner Überlegungen zur Adoleszenz gestellt. Er sah in der Onanie-Phantasie das zentrale Narrativ, das vor dem Hintergrund der jeweiligen Objektbeziehung geschaffen wird. Erdheim (1988) hat die Adoleszenz vor allem in ihrer gesellschaftlichen Bedeutung hervorgehoben, als einer Zeit, in der neue Entwicklungen und Veränderungen in der Kultur ihren Ausgang finden. Während in sog. primitiven Kulturen mit den Initiationsriten, die z. T. an Foltermethoden erinnern, Traditionen mittels Zwang durchgesetzt werden, um soziale Ordnungen und Rollen einzufrieren, wird in der westlichen sog. heißen Kultur die Adoleszenz zum Motor gesellschaftlicher Wandlungsprozesse (Erdheim, 1988). Peter Blos (1973) hat ein Fünfphasen-Modell in der Adoleszenz entwickelt, wonach jede Phase mit bestimmten Entwicklungsschritten verbunden ist. Dabei hat er vor allem die Schritte der Ablösung und Individuation des Jugendlichen in den Mittelpunkt gestellt.

Im Folgenden sollen die spezifischen Schritte und Veränderungen dargestellt werden. Dabei hat es sich als sinnvoll erwiesen, von der frühen, der mittleren und der späten Adoleszenz zu sprechen (Streeck-Fischer, 2006).

Frühe Adoleszenz

In einer frühen Phase der Adoleszenz, der Phase der Abschirmung und der Differenzierung, werden bisherige infantile Selbst- und Objektbilder in Frage gestellt. Der Jugendliche begreift sich in Bezug auf die realen Eltern und auch die internalisierten infantilen Elternbilder als verschieden. Der Verlust bisheriger Sicherheiten mobilisiert Schamgefühle. Das Gefühl in Begegnungen mit anderen, sich selbst und in den Augen anderer fremd zu sein, führt zu einer Schamkrise (Streeck-Fischer, 2006). Diese übernimmt zentrale organisierende Funktionen für die Entwicklung eines neuen Selbstbildes. Scham hat sowohl in der frühen

Entwicklung als auch am Beginn der Adoleszenz eine wichtige identitätsbildende Funktion in Zusammenhang mit der Differenzierung von Ich und anderen. Schamregulierung wird wichtig im Hinblick auf Grenzziehungen zwischen Öffentlichkeit und Intimität, Geschlechtsidentität und Sexualität und in Zusammenhang mit Erfahrungen des Sich Zeigens.

Mittlere Adoleszenz

Die zweite Phase des narzisstischen Durchgangsstadiums und des Übens dient der Kompetenzentwicklung, dem Erproben von innerer und äußerer Eigenständigkeit und der Suche nach einem neuen Selbstbild. Ablösung und Verlust von bisherigen stabilisierenden infantilen Selbst- und Objektbildern und die daraus resultierende Schamkrise werden jetzt mit Hilfe verschiedener narzisstischer Selbstkonfigurationen (Broucek, 1991) aufgefangen. Die Stabilisierung über ein Größenselbst, das mit der Abwertung realer Objekte einhergeht, oder der narzisstischen Rückzug, der Tagtraum- und Größenphantasien einschließt, dienen dem Schutz vor Schamüberflutung und der Verleugnung der Trennung von elterlichen Objekten, die bisher Sicherheit gespendet haben.

Im Zusammenhang mit der Schamkrise ist die duale Natur des Selbst von Bedeutung. Wir sind zugleich Objekt der Selbstbetrachtung und Subjekt unseres Handelns. Weibliche Jugendliche werden eher mit der Objekthaftigkeit ihrer dualen Natur konfrontiert und reagieren mit massiver Scham, Rückzug und einem dissoziierten Selbst. Sie verfügen in der Regel weit früher als männliche Jugendliche über eine selbstreflexives Selbstkonzept. Demgegenüber sind männliche Jugendliche eher Subjekt ihres Handelns. Sie stabilisieren sich mit Hilfe des aggrandisierten Typs (Selbstvergrößerung), der mit einer gewissen Schamlosigkeit einhergeht, und vermeiden damit die Selbstbetrachtung. In der Adoleszenz müssen nun beide narzisstische Stabilisierungen überwunden werden, indem Jugendliche gleichsam durch eine Schamschleuse gehen und sich sowohl handelnd als auch selbstbetrachtend verwirklichen.

Späte Adoleszenz

In der dritten Phase der zunehmenden Getrenntheit wird das narzisstische Durchgangsstadium überwunden. Jetzt wird der Jugendliche sich seiner Eigenständigkeit und seiner Getrenntheit zunehmend bewusst. Die infantilen und idealisierten Elternbilder werden sukzessive desidealisiert, ein realistisches Selbst entwickelt sich, das von einem überwiegend positiven Selbstwertgefühl und positiver Selbstwertregulation getragen ist. Im günstigen Fall wird dieser Prozess mit einer Konsolidierung der Ablösung und der personalen Identität abgeschlossen. Dies ist ein Prozess, der sich bis weit in das Erwachsenenalter hineinzieht.

5   Adoleszenz und Gruppe

Als Stütze bei der Ablösung, als Orientierungspunkt, als Austragungsort für Konflikte, Katalysator und Brücke auf dem Weg von der Familie in neue soziale Bezugssysteme hilft die Gleichaltrigengruppe dabei, die verschiedenen Entwicklungsaufgaben der Adoleszenz (Streeck-Fischer, 1992) zu bewältigen. Groß angelegte Untersuchungen von Dunphy (1963) zeigen, dass die Strukturen von Jugendlichengruppen außerordentlich vielfältig sind und dass die Verschiedenartigkeit für die Jugendlichen sehr wichtig ist. Die Grundeinheit des sozialen Lebens ist für Jugendliche die Clique, die durch ihre Größe (drei bis neun Personen) und durch die Art der Beziehungen eine Art familiären Ersatz bietet. Die übergeordnete Großgruppe, auf die sich die Jugendlichen beziehen, bietet Möglichkeiten, erweiterte, aber vergleichsweise oberflächliche Bekanntschaften zu schließen. Die Großgruppe hat vor allem eine wichtige Mittlerfunktion im Verlauf der Adoleszenz beim Übergang von gleichgeschlechtlichen in heterosexuelle Cliquen.

Blos (1976) hat davon gesprochen, dass die Gleichaltrigengruppe dem Jugendlichen ein autoplastisches Milieu bietet. Die in Gut und Böse gespaltenen Elternimagines der frühen Periode, die zu jener Zeit wiederbelebt werden, werden hier moduliert und synthetisiert. Diese regelhafte Übergangserscheinung, die mit einer passageren Ich-Regression und Einschränkung der Realitätsprüfung einhergeht, führt dazu, so Blos, dass Jugendliche in ihren Beziehungen zur Gleichaltrigengruppe ihre „infantilen, präverbalen Ambitendenzen externalisieren". Das autoplastische Milieu der Gruppe hilft dem Jugendlichen im günstigen Fall dabei, dass er nach Veränderungen bei sich selbst sucht und primär nicht die Umwelt zu verändern versucht.

6   Adoleszenz und Familie

Es wird bisher noch unterschätzt, was die beginnende Geschlechtsreife im Familiensystem an Veränderungen aktiviert. Flaake und King (2003) haben mit einer empirischen Studie die Veränderungen in den Beziehungskonstellationen von Mutter, Vater und Töchtern untersucht. Es wurde deutlich, wie massiv nicht nur auf Seiten der Jugendlichen Unsicherheiten aktiviert, sondern das gesamte Familiensystem labilisiert wurde. Vor allem Vätern fällt es schwer, mit den Verunsicherungen, dem Begehren und den Verführungen durch ihre Tochter umzugehen (Flaake & King, 2003). Eltern begegnen in ihren Kindern den ungelösten Konflikten ihrer eigenen Adoleszenz, transmissive Konflikte der Großeltern können deutlich werden und mit heftigen Auseinandersetzungen verbunden sein. Eher selten ist heutzutage, dass die traditionellen Muster der Eltern von den Jugendlichen perpetuiert werden.

7 Adoleszenz und Bindung

Untersuchungen zu Bindungsmustern in der Adoleszenz (Seiffge-Krenke, 2004). weisen darauf hin, dass es in der frühen und mittleren Adoleszenz zu einer Art „Bindungsloch" in Bezug auf die Eltern kommt. Das wird darauf zurückgeführt, dass in diesen Phasen Entscheidendes verschwiegen wird („cool sein"). Andererseits können neue Bindungen zu Peers oder romantischen Partnern nur dann hergestellt werden, wenn sich die Bindung an die Eltern gelockert hat. Aus entwicklungspsychologischer Sicht würde die geringe Stabilität im Bindungsverhalten in der Hochphase der Ablösung von den Eltern und der Neuorientierung in Bezug auf enge Freunde psychoanalytische Theorien zur Adoleszenz unterstützen.

8 Zum Identitätsbegriff in der Adoleszenz

Im Mittelpunkt der Entwicklungsaufgaben stehen die Entwicklung eines neuen Selbstbildes und die Entwicklung einer neuen personalen Identität.

Bei der Entwicklung einer Identität geht es um die Herstellung einer Passung zwischen subjektivem Innen und gesellschaftlichem Außen. Nach Erikson (1976) spielt die Identitätsentwicklung in der Adoleszenz eine hervorgehobene Rolle. Das bedeutet jedoch nicht, dass dieser Prozess in dieser Lebensphase abgeschlossen ist. Vielmehr gelingt es dem Jugendlichen jetzt im Zusammenhang mit seiner kognitiven Reifung und der Fähigkeit, abstrakt-logische Strukturen zu entwickeln, sich seine Lebensgeschichte selbst zu schreiben, die aus Vergangenheit, Gegenwart und Zukunft besteht. Hierzu sind metakognitive Fähigkeiten erforderlich, die der Jugendliche in der Phase zunehmend entwickelt.

9 Adoleszenzkrisen

Adoleszenzkrise, normative Krise, Reifungskrise, adoleszente Identitätskrise und adoleszente Entwicklungskrise sind Begriffe, die synonym gebraucht werden. Sie kennzeichnen eine kritische Phase der Entwicklung, eine „normale" Krise, die keine Krankheit darstellt, sondern zu einem normalen Entwicklungs- oder Reifungsablauf gehört (vgl. Remschmidt, 1992).

Grundsätzlich erscheint sinnvoll, bei Jugendlichen mit krisenhaften Verläufen eine dynamische Betrachtung beizubehalten, eine solche Betrachtung schließt auch ein, dass die Potentiale einer zweiten Chance berücksichtigt werden. Entscheidend erscheint dabei den vorübergehenden Status einer Krise anzuerkennen, die innerhalb eines befristeten Zeitraumes vom 13. bis 17. Lebensjahr überwunden werden kann und nicht mit einer gravierenden Psychopathologie einhergeht.

Normale und krisenhafte Veränderungen. Folgende Veränderungen im Verhalten Jugendlicher können als normal oder krisenhaft differenziert werden, ohne dass sie bereits in ein Raster psychiatrischer Diagnosen hineingeraten. So ist normal, wenn Jugendliche gelegentlich gemeinsam mit Gleichaltrigen mit Drogen experimentieren, während es als krisenhaft angesehen werden muss, wenn Drogen oder Alkohol als primäre Organisatoren von Identität und zentraler Regulator von Wohlbefinden und Selbstbetrachtung zeitweilig verwendet werden. Sexuelle Experimente mit Gleichaltrigen und eine ausgeprägte Unsicherheit und Schüchternheit sind normal, demgegenüber verweisen promiskuöse sexuelle Beziehungen oder auch mangelnde Beziehungen auf krisenhafte Bewältigungen. Eine geringe Fluktuation im Bereich schulischer Interessen ist altersentsprechend, ebenso Auseinandersetzungen der Eltern über Musik, Kleidung oder Freizeit, eine Schulverweigerung oder Verlust von schulischen Interessen sind jedoch eher krisenhaft. Heftige Auseinandersetzungen der Eltern über basale körperliche Werte und Regeln sprechen für einen krisenhaften Verlauf.

Zusammenfassung

In der Adoleszenz werden die Grenzen zwischen Normalität und Psychopathologie durchlässig. Man würde Jugendlichen unrecht tun, ihr unstetes, schwieriges Verhalten, ihren Rückzug, ihre zeitweilige Niedergeschlagenheit einer Krankheit oder psychischen Störung zuzuordnen. Anderseits wurde der Begriff der Krise in der Vergangenheit überstrapaziert in dem Sinne, als psychotisch entgleiste Jugendliche noch als krisenhafter Verlauf wahrgenommen wurden. Das Bild des unerfahrenen Führers eine Lokomotive bringt sehr anschaulich das Dilemma eines Jugendlichen zum Ausdruck, unter affektiver Spannung zu stehen, aber noch nicht die Voraussetzungen zu haben, damit um zugehen.

Literatur

Blos, P. (1973). Adoleszenz. Stuttgart: Klett.

Blos, P. (1976). The Split Parental Imago in Adolescent. Social Relations Psychoanal. Study Child, 35, 7–33.

Brouchek, F.J. (1991). Shame and the Self. New York: The Gilford Press.

Corey, S.M. (1946). Development Tasks of Youth. In J. Devey (Ed.), Social Yearbook. New York: Harper.

Dahl, R.J. (2004). Adolescent Brain Development. Annuals of the New York Academy of Science, 1021, 1–22.

Dunphy, D.C. (1963) The Social Structure of Urban Adoleszent Peer Groups. Sociometry, 26, 230–46.

Erdheim, M. (1988). Die Psychoanalyse und das Unbewusste in der Kultur. Frankfurt: Suhrkamp.

Adoleszenz

Erikson, E.H. (1976). Identität und Lebenszyklus. Frankfurt: Suhrkamp.

Fend, H. (1990). Vom Kind zum Jugendlichen. Der Übergang und seine Risiken. Entwicklungspsychologie der Adoleszenz. Bd 1. Stuttgart: Huber.

Flaake, K. & King, V. (2003). Weibliche Adoleszenz. Weinheim: Beltz.

Freud, A. (1968). Das Ich und die Abwehrmechanismen. Frankfurt: Suhrkamp.

Helbing-Tietze, B. (2004). Veränderungen des Selbst in der Adoleszenz aus akademisch-psychologischer Sicht – eine Ergänzung der psychoanalytischen Entwicklungspsychologie? Psyche, 58, 195–225.

Laufer, M. (1980). Zentrale Onaniephantasie, definitive Sexualorganisation und Adoleszenz. Psyche, 34, 365–384.

Nelson, E.E., Leibenluft, E., McClure, E.B. & Pine, D.S. (2005). The social re-orientation of the process and its relation to psychopathology. Psychological Medicine, 35, 163–174.

Remschmidt, H. (1992). Adoleszenz. Entwicklungen und Entwicklungskrisen im Jugendalter. Stuttgart: Thieme.

Seiffge-Krenke, I. (2004). Adoleszenzentwicklung und Bindung. In A. Streeck-Fischer (Hrsg), Adoleszenz – Bindung – Destruktivität (S. 156–175). Stuttgart: Klett-Cotta.

Streeck-Fischer, A. (1992). Gruppe- und Gruppentherapie in der klinischen Psychotherapie von Jugendlichen (S. 127 135). In G. Biermann (Hrsg.), Handbuch der Kinder psychotherapie Bd. V. München: Reinhardt.

Streeck-Fischer, A. (2006). Trauma und Entwicklung Folgen früher Traumatisierung in der Adoleszenz. Stuttgart: Schattauer.

Walker, E.F. (2004). Pubertal Neuromaturation, Stress, Sensitivity, and Psychopathologie. Development and Psychopathology, 16, 807–824.

Kasuistiken

IO Editorial

Franz Resch • Michael Schulte-Markwort

Psychische Probleme in der Adoleszenz zeigen immer eine komplexe Verwebung mit Entwicklungsaufgaben, sozialen Rahmenbedingungen und dem Mikrosystem der Familie. Die folgenden Falldarstellungen mögen das illustrieren. Aus welchen biographischen oder biologischen Wurzeln lassen sich gegenwärtige Symptome und Anpassungsprobleme herleiten? Wie ist der Entwicklungskontext zu interpretieren?

Fallgeschichten sind immer Verkürzungen und Vereinfachungen der Zusammenhänge – nur so lassen sich einzelne Aspekte betonen und hervorheben. Nur so kann aus Einzelfällen etwas Prototypisches heraus destilliert werden. Dabei bleiben auch Kontroversen von Experten nicht aus, wie unsere Diskussionen zeigen: Unterschiedliche Auffassungen, was in den Fokus zu nehmen sei und wo verallgemeinert werden dürfe, können – wenn leidenschaftlich vorgetragen – die Sichtweisen schärfen. Begründete Meinungen kreuzen dann die feinen Klingen immer im Sinne der Patienten. Die geneigten Leserinnen und Leser mögen ihre eigene Position zu den Positionen der Autorinnen und Autoren in Beziehung setzen. Es geht nicht um eine Harmonisierungstendenz. Die Themen der Adoleszenz sind und bleiben kontrovers. In ihnen werden unterschiedliche therapeutische Haltungen und Differenzen von Therapieschulen wie unter der Lupe deutlich. Es geht um eine Wegfindung: Wo ist noch empirische Evidenz? Wo beginnt die Expertenmeinung? Dafür wollen wir ein Diskussionsforum bieten.

Kasuistiken

II Kasuistik I: Psychoanalytisch interaktionelle Behandlung einer 17-jährigen Jugendlichen

Annette Streeck-Fischer

1 Einführung

Probleme der diagnostischen Klassifikation

Es ist aus verschiedenen Gründen schwierig, die verschiedenen Verhaltensauffälligkeiten und psychischen Probleme der Jugendlichen nach den diagnostischen Klassifikationen ICD-10 und DSM-IV einzuordnen. Das Jugendalter ist eine Zeit der Persönlichkeitsumstrukturierung und der biopsychosozialen Labilisierung, die mit krisenhaften Auffälligkeiten verbunden sein kann. Der Begriff der Adoleszenzkrise ist aus dem kinderpsychiatrischen Sprachgebrauch fast verschwunden. Es gibt wenige, die heute noch daran festhalten. Das hat zur Folge, dass Adoleszenzkrisen heute häufig zu unrecht dem Störungsbild der „Störung des Sozialverhaltens" zugeordnet werden (DuBois, Resch 2005), ohne dass der Übergangsperiode ausreichend Rechnung getragen wird. In der älteren Literatur gibt es auch noch die Unterscheidung zwischen Borderline-Störungen und Borderline ähnlichem Verhalten (Giovacchini 1978) in der Adoleszenz, die mehr oder weniger in Vergessenheit geraten ist. Unberücksichtigt bleibt auch, wenn die Adoleszenz durch äußere Destabilisierungen wie Umzug, Einbrüche im Lern- und Leistungsverhalten, Verführungen zu Verbotenem von Gleichaltrigen, die nicht als traumatisch bezeichnet werden können, besonders krisenhaft verläuft. Solche Adoleszenzkrisen dann einer akuten Anpassungsstörung zuzuordnen, wird der Problematik des Jugendlichen nicht gerecht. Im Falle von Symptomen und Verhaltensauffälligkeiten, die eine Borderline-Störung nahe legen, müsste in der Adoleszenz ein Bezugsrahmen gelten, den es in der Strukturachse der OPD-KJ gibt, der für die Adoleszenz aber noch mal umgearbeitet werden müsste. Dort wird unterschieden z. B.: Fähigkeiten in allen sozialen Feldern oder nur mit Hilfe durch andere möglich usw. (S1.96 OPD-KJ). In der Adoleszenz wäre es wichtig, anhand solcher Unterscheidungen zu prüfen, ob die Auffälligkeiten in allen Bereichen oder vorübergehend in bestimmten Situationen und unter Belastungen vorliegen. Dies könnte bedeuten, dass es bei Jugendlichen Borderline-Verhalten auf integriertem, weil punktuell nur unter Belastungen, mäßig und gering integrierten Niveau gibt.

Jugendliche in stationärer Behandlung

Jugendliche, die in stationäre Psychotherapie kommen, weisen in der Regel besonders krisenhafte Verläufe auf. Bei ihnen liegt zumeist nicht nur eine ausgeprägte Symptomatik vor, sondern es finden sich auch erhebliche Probleme in den familiären und sozialen Bezügen, z. B. persistierende traumatische Bedingungen im Elternhaus, Zugehörigkeit zu subkulturellen Gruppierungen, die zu einer Ersatzheimat geworden sind. Ihre Problematik lässt sich oft nur in verschiedenen Diagnosen fassen, ohne dass damit dem Übergangscharakter der Störungen ausreichend Rechnung getragen wird. Nicht selten zeigen diese Jugendlichen nur einen begrenzten Therapie- und Veränderungswunsch.

Die stationäre Behandlung setzt sich aus verschiedenen Therapieansätzen zusammen, die im Falle einer psychodynamischen Psychotherapie der zentralen neurotischen Objektbeziehungskonstellation mit einem entsprechenden Fokus zur Bearbeitung untergeordnet werden. Während in die psychoanalytische Einzeltherapie mit Einbeziehung der Eltern die zentrale neurotische bzw. strukturelle Problematik bearbeitet wird, kommen den medizinisch-psychiatrischen und pädagogischen Aktivitäten im Alltag rahmensetzende, strukturgebende und entwicklungsfördernde Funktionen zu. Die Ergotherapie unterstützt den Auf- und Ausbau von Ich-Fähigkeiten und von phantasievoller Kreativität, während die Körpertherapie gezielt motopädisch ansetzt und die sensomotorische Integration fördert. Weitere Maßnahmen sind die schulische und berufliche Integration mithilfe gezielter Lern- und Konzentrationstrainings. Um die vielfältigen Störungen in der stationären Psychotherapie zu behandeln, sind ein sehr gut strukturierter Rahmen und klare Absprachen erforderlich, wie sie ausführlicher an anderer Stelle (Streeck-Fischer, 2006) beschrieben wurden. Hier können viele Fehler gemacht werden, die zu malignen Entwicklungen führen. Der Rahmen konstituiert sich in Verbindung mit der jeweiligen pathologischen Objektbeziehung. Er bildet im günstigen Fall ein „ökologisches Milieu" (Treurniet1995), innerhalb dessen sich der Jugendliche entwickeln kann.

Darüber hinaus müssen Besonderheiten in der therapeutische technischen Arbeit mit Jugendlichen, die dazu neigen, sich handelnd mitzuteilen, berücksichtigt werden, die mit der psychoanalytisch interaktionellen Methode aufgegriffen werden. Ein klassisch psychoanalytisches deutendes Vorgehen ist kontraindiziert. Die Interaktionelle Methode wurde an ich-strukturell gestörten Patienten entwickelt. Der Therapeut erscheint als präsente antwortende Person, die Aspekte der aktuellen Interaktion und gegenwärtigen Beziehung deutlich macht (Streeck, 2007; Streeck-Fischer, 2006).

2 Fallbeispiel

Nach einem ambulanten Vorgespräch mit der Mutter, dem Partner der Mutter und der Patientin kommt die Jugendliche widerwillig zur stationären Psychotherapie. Da sie in der vorherigen Schule, die einen internatähnlichen Charakter hatte, nicht verbleiben konnte und sie nicht Zuhause sein wollte, blieb ihr nur der Schritt in die Behandlung. Sie selbst hielt sich für gesund und normal und wollte an ihrer Lebensweise nichts ändern.

2.1 Symptomatik

Die Jugendliche kommt wegen Alkohol- und Drogenabusus und Schuleschwänzen, was im letzten halben Jahr manifest wurde, zur stationären Aufnahme. Bei der Anamneseerhebung öffnet sich eine Art „Büchse der Pandora". Sie teilt jetzt erst mit, dass sie seit circa einem 3/4 Jahr unter bulimischen Attacken (Binge Eating und Erbrechen, bis zu 5 mal am Tag) im Wechsel mit Alkohol- und Drogenmissbrauch (Schnaps, alles an Drogen bis auf Heroin), selbstverletzendem Verhalten, Verfolgungsideen, Schuleschwänzen und Leistungsverschlechterung leidet. Sie hat nächtliche Alpträume, Rückblenden, Entfremdungs- und Derealisationserlebnisse bei Zustand nach sexuellen Überwältigungen, depressive Zustände mit Selbsthass, Selbstmordgedanken sowie Kopf gegen die Wand schlagen. Im Zusammenhang mit Entzugserscheinungen zeigt sie Phänomene wie Stimmenhören und optische Halluzinationen. Darüber hinaus hat sie Schlafstörungen, Stimmungsschwankungen und raucht exzessiv

Diese Problematik hatte mit Essproblemen und oppositionellem Verhalten vor drei Jahren begonnen und sich in den letzten 1,5 Jahren seit Besuch der Privatschule zunehmend massiv entwickelt. Sie konnte diese vielfältige Symptomatik erst im Verlauf der diagnostischen Gespräche mitteilen, nämlich erst dann, als sich herausstellte, dass diese Informationen keine negativen Folgen für sie haben würden.

2.2 Strategien der Diagnostik

Im Rahmen der stationären Behandlung wird eine breite Diagnostik mit Hilfe der kinderpsychiatrischen Basisdokumentation (DGKJPP, BAG, BKJPP) mit zusätzlichem Einsatz von Fragebögen wie SCL-90, SDQ, CTQ, störungsspezifischer Diagnostik eine umfangreiche Anamnese erhoben und eine Lern- und Leistungsdiagnostik sowie eine sensomotorische Diagnostik durchgeführt. Auf die diagnostischen Befunde der verschiedenen Bereiche soll hier – da für die psychodynamische Behandlung nicht relevant – nur knapp eingegangen werden.

Die Jugendliche wurde zunächst im Rahmen der Klinikschule beschult. Sie machte dann zwei Arbeitsversuche, die jedoch nicht ihren Vorstellungen entsprachen. Dann wurde sie nach ausreichender Stabilisierung in eine Außenschule eingeschult, aber auch diese missfiel ihr, so dass ein Wechsel erfolgte. Nach einem weiteren Wechsel besucht sie die 11. Klasse des Gymnasiums regelmäßig.

Anamnese

Die Jugendliche kam als erstes und einziges Kind fraglich erwünscht zur Welt. Beide Eltern – Akademiker – hatten heftige Auseinandersetzungen wegen des zunehmenden Alkoholmissbrauches des Vaters. Die Mutter litt unter hohen Belastungen, da sie während der Schwangerschaft ihre bettlägerige Mutter mitversorgen musste, die noch vor der Geburt der Jugendlichen verstarb. Die Geburt erfolgte per Kaiserschnitt. Als die Jugendliche ein Jahr alt war, dachte die Mutter erstmals an Trennung vom Vater. Es gab offenbar heftige Szenen, in denen der Vater gewalttätig wurde, es zu Sachbeschädigungen kam, die Mutter körperlich bedrohte und die Polizei geholt werden musste. Im Alter von sieben Jahren erfolgte eine definitive Trennung. Nach der Trennung war die Mutter weiterhin voll berufstätig. Die Tochter wurde von Tagesmüttern betreut, teilweise auch vom Vater. Die Beziehung zwischen Mutter und Tochter war sehr eng. Die Tochter schlief mit Mutter in dem Ehebett. In der Schule erbrachte sie von Anfang an gute Leistungen. Sie wird als ein hyperaktives, umtriebiges Kind beschrieben. Als sie neun Jahre alt war, lernte die Mutter ihren jetzigen Partner kennen. Er zog bei der Mutter ein. Ab sofort durfte die Jugendliche nicht mehr bei der Mutter schlafen. Es herrschen nun andere Erziehungsvorstellungen, die von massiver Strenge gekennzeichnet sind. Als sie 14 Jahre alt ist, erfolgt der Umzug in einen weit entfernten anderen Ort. Hier sollte – so die Jugendliche eine intakte Familie vorgeführt werden. Infolge zunehmend heftigerer Konflikte mit Mutter und dem Partner der Mutter kam es zur Trennung vom Elternhaus. Sie besuchte eine Privatschule, die mit einer Internatsunterbringung verbunden ist. Dort kommt sie in Kontakt mit problematischen Jugendlichen. Sie entwickelt, ebenso wie eine andere Jugendliche, eine Bulimie. Sie ist nachts in Bars unterwegs und wird zu sexuellen Handlungen genötigt. Da sie wenig Taschengeld bekommt, verdient sie sich Geld in einem Restaurant, um ihren zunehmenden Drogen- und Alkoholkonsum zu finanzieren.

Während die Mutter sich sehr schnell mit der Tochter in heftige Auseinandersetzungen verwickelt, die von einem Wechsel zwischen maßloser Wut und völliger Übereinstimmung bestimmt sind, erscheint der Partner der Mutter rigide und konsequent. Zum leiblichen Vater besteht weiterhin Kontakt. Er ist alkoholabhängig und lebt unter ziemlich verwahrlosten Bedingungen.

Die Jugendliche ist altersentsprechend entwickelt und in einem guten Allgemein- und Ernährungszustand. Im Gesicht sieht sie blass, angegriffen und gezeichnet aus. Die Haut ist etwas pastös und durchscheinend, was die Essstörung bestätigen könnte. Ihre Gesichtsmimik ist wenig ausgeprägt, Gefühle sind kaum erkennbar. Sie macht zunächst einen toughen, kompetenten Eindruck. Sie redet schnell, um die Situation in der Hand zu haben und zu kontrollieren. Wird sie auf ihre Symptomatik angesprochen, versucht sie, davon wegzukommen. Es ist ihr peinlich, ihre Schwächen zu zeigen. Eine intakte Fassade ist für sie bedeutsam. Erst im Verlauf der Gespräche kann sie sich zunehmend öffnen und Vertrauen entwickeln. Unter besonderen Belastungen, Konflikten mit Mitarbeitern der Station, äußert sie paranoide Ideen, z. B. sie werde abgehört. Unklar ist in diesen Momenten, ob sie sich irgendwelche Tabletten „einschmeißt" oder ob das Verhalten auf weitere Dekompensation hinweist (Drogeninduzierte Psychose?). Sie zeigt ansonsten keine formalen und inhaltlichen Denkstörungen. Sie kann ihre Situation gut reflektieren und verfügt über überdurchschnittliche kognitive Fähigkeiten. In den Gesprächen wechselt sie zwischen hypomanischen Zuständen und Zuständen, in denen sie im Gespräch kaum erreichbar ist. Erst im späteren Verlauf der Gespräche werden ihre massiven depressiven Einbrüche deutlich, die hinter einer Neigung, high life zu machen und andere zu provozieren (externalisierendem Verhalten) abgewehrt werden.

Leistungsdiagnostik. Eine detaillierte Leistungsdiagnostik wurde nicht durchgeführt, da sie in der Schule bis zum Einbruch vor einem halben Jahr Spitzenleistungen erbracht hatte.

Körperdiagnostik. In der Körperdiagnostik wird anhand der Diagnostik nach TÜLÜC, Ayres und Frostig deutlich, dass die Jugendliche wenig Gefühl für ein eigenes Körperempfinden hat, Berührungen nicht einordnen kann und Probleme in der Formwahrnehmung hat. Im Bereich der vestibulären Wahrnehmung hat sie offenbar eine Unterstimulation erfahren. Ihre Schreibbewegungen sind nicht flüssig. Sie zeigt ein unsicheres Körpererleben und ein negatives Körperbild.

2.3 Psychodynamische Hypothesen

Vor dem Hintergrund belastender Entwicklungsbedingungen ist anzunehmen, dass von Seiten der Mutter früh Erwartungen an sie herangetragen wurden, „Sonnenschein" zu sein und zu funktionieren. Dies könnten Voraussetzungen gewesen sein, eine vordergründig angepasste falsche Selbstentwicklung mit abgespaltenen und unintegrierten Selbstanteilen zu nehmen. In Konfrontation mit einem impulsiven und zunehmend alkoholabhängigen Vater, der ihr einerseits emotional sehr zugetan, andererseits aber offenbar gewalttätig und unberechenbar reagieren konnte, scheint sie bedrohlichen, eventuell auch traumatisierenden Bedingungen ausgesetzt worden zu sein, die zu einer weiteren Anklammerung an die Mutter führten. Die Mutter unterstützte dies, indem sie sie nach der Trennung vom Vater insofern überforderte, als sie sie parentifizierte und materiell verwöhnte. In der Latenzzeit imponierten hyperkinetische Auffälligkeiten, die als ADHS-Symptomatik nie bestätigt wurden und die vermutlich dazu dienten, unangenehme Spannungszustände und -gefühle abzuwehren. Mit Einzug des

Partners der Mutter verlor sie bisherige Stützen. Sie konnte der Mutter nicht mehr so nahe sein, es wurden offenbar strenge Erziehungsmaßnahmen eingeführt, in der Schule wurde sie gemobbt. Durch Umzug verlor sie die bisherige Bezugsgruppe und auch den Kontakt zum leiblichen Vater, so dass sie in der neuen Umgebung falsche Freunde suchte und mit dissozialem Verhalten auffiel. Nach weiterem Wechsel im Internat war sie verführbar, sich in eine Ersatzwelt von Alkohol und Drogen zu flüchten. Als Unbeheimatete dienten ihr Drogen, Fress-Brech-Anfälle und Verletzungen als Selbsthilfemaßnahmen. Sowohl die Mutter als auch sie halten an dyadischen Beziehungen fest, die von extremer Nähe und fallenlassender Strenge gekennzeichnet sind. Dies geht bei der Jugendlichen mit inneren Objektbeziehungen einher, die gespalten sind in ganz und gar gut oder ganz und gar böse. In Drogen und Alkohol kann sie von der Trostlosigkeit des Verlassenseins und der inneren Leere Abstand nehmen und sich in Übereinkunft mit den frühen oral befriedigenden Objekten fühlen, möglicherweise auch dem Vater nahe sein. Die Fähigkeit zur Triangulierung ist infolge der familiären Problematik und der Suchtstruktur des Vaters nicht erreicht worden. So war bei der Jugendlichen auf der einen Seite die totale Übereinkunft und Verschmelzung mit mütterlichen Vorstellungen eine Form der Existenz, während Eigenständigkeit. Loslösung, Weggehen, in die Fremde gehen bedeuteten, völlig fallengelassen, im Stich gelassen zu sein und vernichtend verurteilt zu werden. Diese Problematik verdichtet sich in der Adoleszenz zu einer nicht zu lösenden Aufgabe, da Autonomie und Weggehen mit Leere und Verlust einhergehen. An diese Stelle treten dann die Drogen und der Alkohol, wo eine Übereinkunft mit einem idealen Objekt phantasiert werden kann.

Unter den Gesichtspunkten einer OPD-Diagnostik stehen im Vordergrund der Autarkie-Konflikt sowie die Selbstwertproblematik. Bei der strukturellen Diagnostik wird hinter einer vordergründig gut entwickelten Anpassung eine strukturelle Störung auf mäßigem bis in Krisenzuständen gering integriertem und fraglich sogar psychosenahem Niveau feststellbar, die jedoch nur in besonders belasteten Momenten auftreten. Die Jugendliche verfügt über eine gute Realitätsprüfung, die ihr in den Momenten verloren geht, in denen sie zu Spaltung neigt und infolge mangelnder Spannungstoleranz Ersatzbefriedigungen sucht.

Diagnose

Folgende Diagnosen wurden gegeben:
- ▶ Zustand nach Substanzmittelmissbrauch (F19.2),
- ▶ Verdacht auf Entwicklung einer emotional instabilen Persönlichkeitsstörung (F60.31),
- ▶ leichte Essstörung (Bulimie) (F50.2),
- ▶ depressive Störung (F32.8).

Differenzialdiagnostisch musste daran gedacht werden, dass die Patientin möglicherweise eine drogeninduzierte Psychose entwickelte. Es fanden sich im Weiteren jedoch keine Anhaltspunkte.

2.4 Therapieverlauf

Da die Jugendliche keinen ausgeprägten Leidensdruck hatte und meinte, sobald sie aus der Klinik raus sei, würde sie wieder wie vorher leben wollen, war die Therapiemotivation und auch die Bereitschaft, sich auf die vorgegebenen Regeln der Station einzulassen, sehr begrenzt. Hier musste zunächst per Tagesstruktur und engmaschigen Absprachen überprüft werden, inwieweit sie sich überhaupt von Alkohol und Drogen lösen konnte. Darüber hinaus zeigte sie anfänglich Entzugserscheinungen mit depressiven Zuständen, Schlafstörungen und vegetativer Symptomatik, so dass ihr Aponal® bis zu einer Dosis von 100 mg pro Tag verordnet wurde. Zeitweilig bekam sie darüber hinaus Risperdal® in einer Dosierung von 0,5–1,5 mg. Wegen ihrer Schlafstörungen erhielt sie zeitweilig Stillnox®.

Im Mittelpunkt der Behandlung stehen

(1) intrusive Interaktionsmuster, in denen sie überwältigt wird und infolge von regressiven Wiederverschmelzungen als Person verloren geht;

(2) ihr Scheitern beim Weg in die Fremde, in die Sucht als Folge von Leeregefühlen bei Objektverlust.

Phase 1

Leider fuhr die Therapeutin 14 Tage nach Aufnahme in die stationäre Behandlung zwei Wochen in Urlaub. Es findet in dieser Zeit eine Vertretung statt, in der eine weitere Diagnostik erfolgte. Ihre Enttäuschung bringt die Jugendliche darin zum Ausdruck, dass sie lieber von der anderen Therapeutin behandelt werden will. Es entwickelt sich eine idealisierende Übertragung. Sie möchte geduzt werden, möchte ein kleines Kind sein, während sie ihre Eltern zunehmend hasst. Sie erzählt von gelegentlichen Übertretungen (z. B. Alkohol trinken). In diesem Zusammenhang werden ihre Einsamkeit und ihre Erfahrung, mangelhaft gesehen zu werden, deutlich. Sie legt sich auf eine längerfristige Behandlung fest und will von Drogen und Alkohol wegkommen. Dies kann sie jedoch nicht aufrechterhalten. Sie pendelt zwischen „Ich mache es so, wie du das von mir haben möchtest" und Ausstieg, was als ein wichtiger Teil ihrer Selbst, in dem sie ihre Autonomiebestrebungen zeigt, gesehen wird. Sie gerät im Zusammenhang mit erheblichen Konflikten mit den Eltern in einen suizidalen Zustand, in dem sie keine Absprachen treffen kann und auf die geschlossene Station des nahe gelegenen Landeskrankenhauses verlegt werden muss. Am nächsten Tag ist sie wieder voll motiviert und zeigt sich von ihrer reifen und zugleich angepassten Seite. Sie kommt nur unregelmäßig zur Therapie, geht lieber zum Frisör, wo sie sich die Haare ebenso blond färben lässt wie die der Therapeutin. In der Gegenübertragung tauchen ausgeprägte mütterliche Gefühle, verbunden mit dem Wunsch, sie zu halten und ständig präsent zu sein, entsprechend den früheren Angeboten der Mutter auf: Sei mir ganz nahe, aber werde ja nicht eigenständig.

Elterngespräche. Im ersten Elterngespräch mit Mutter und Partner der Mutter geht es um die diagnostische Einordnung. Die Mutter möchte die Problematik der Tochter in den Genen verursacht sehen, die aus der väterlichen Linie stammen, wo Sucht eine transgenerationale Problematik darstellt. Die Therapeutin stellt dies nicht infrage, verweist jedoch auf die Problematik der Ablösung, nämlich dass es schwierig werden kann, eigene Wege zu gehen, wenn eine sehr nahe und ausschließliche Beziehung vorliegt und das fremde Andere gefährlich, bedrohlich oder als krank angesehen wird. Es wird für Verständnis geworben und für Freiräume, da die Jugendliche bei der extremen Strenge und Disziplinierung von Seiten der Mutter und des Partners nur heimlich und mit verbotenem Tun Eigenständigkeit entwickeln kann. So durfte sie ihr Taschengeld nur für bestimmte Sachen nutzen und musste regelmäßig eine Abrechnung machen. Sie musste sich exakt an die Ausgangszeiten halten, ansonsten wurde sie massiv bestraft. Dass ihr Verhalten möglicherweise mit inneren Konflikten zu tun haben könnte, wird von der Mutter kaum gesehen. Auch hier stellen sich erhebliche Gegenübertragungsgefühle bei der Therapeutin ein. Es fällt ihr schwer, eine ausreichend neutrale Position einzunehmen und nicht zu sehr die Eltern als die Bösen wahrzunehmen und damit in die Polarisierung von „ganz und gar gut", „ganz und gar böse" hineinzugeraten.

Es wird auch der Vater eingeladen. Er ist von seiner Alkoholabhängigkeit gezeichnet. Zu ihm stellt die Jugendliche einen engen fürsorglichen Kontakt her. Er vermittelt, dass seine Tochter sein ein und alles ist. Er will alles für sie tun. Jedoch wird zugleich deutlich, dass er seine Abhängigkeitsproblematik völlig verleugnet und sich im Grunde aufgegeben hat. Nach diesen Gesprächen mit den Eltern ist die Jugendliche sehr motiviert, an sich zu arbeiten, vom Vater hat sie das Versprechen, dass er aufhört, Alkohol zu trinken. Dies unterstützt sie auch darin, von Drogen und Alkohol abstinent zu bleiben. Sie fühlt sich stark, setzt sich mit den Bedingungen, die sie zu Hause erfahren hat, auseinander und merkt, wie heimatlos sie sich in den letzten Jahren gefühlt hat. Ihre einzige Heimat seien die Leute in der Privatschule, in der sie vorher war. Sie verbringt ein Wochenende dort und spürt, dass sie von den Lehrern dort nicht sonderlich erwünscht ist. Sie forciert den Schulbesuch während der Behandlung und fühlt sich als Außenseiterin, als eine, die mit ihren Erfahrungen nicht dazugehört und sich auch nicht einordnen möchte.

Phase 2

Die Entscheidung des Teams, ihr vorzuschlagen, länger zu bleiben, wird für sie eine massive Enttäuschung. Sie wollte schnell gehen und wird nun festgehalten. Auch die Therapeutin, die sie darin nicht unterstützt hat, ist für sie zutiefst enttäuschend, da sie sich nicht für sie einsetzt, schnell zu gehen und ihr Zuhause im Internat, das von Vernachlässigung und Suchtangeboten bestimmt ist, zu unterstützen. Sie fühlt sich ungesehen und ungehört und entwertet nun alles.

Die Jugendliche zeigt nun ein ganz anderes Verhalten. Sie wird auffällig, gebraucht eine vulgäre Gossensprache. Sie schimpft über alles und jeden, will kurzfristig entlassen werden und zielt es durch ihr grenzüberschreitendes Verhalten darauf ab. Sie kommt zu Stunden, in denen sie nicht redet. Hinweise der Therapeutin, dass das helfen könnte, lässt sie abblitzen und macht sich über die Therapeutin lustig. Sie kommt zu Terminen nicht, ist unterwegs und lässt sich bitten. Sie weckt Phantasien, dass sie krumme Sachen macht. Allmählich kann sie dann ihre Enttäuschungen ansprechen. Sie hat sich von der Therapeutin im Stich gelassen gefühlt. Sie prüft, ob sie sich nicht doch noch bessere Verhältnisse schaffen kann und will nun nicht mehr ins Internat, sondern in eine therapeutische Wohngemeinschaft, um von dort aus die Schule zu besuchen. Sie will auch nicht zu den Eltern zurück. Es werden sehr konkrete Planungen für das Ende der Therapie gemacht, die von allen, die mit ihr zu tun haben, begleitet werden. Sie macht in Ansätzen die Erfahrung, dass sie eigene Wege gehen darf und dafür nicht fallengelassen wird. Die vorherige Privatschule lehnt ab, sie für ein Wochenende kommen zu lassen. Der Vater gibt zu erkennen, dass er weiterhin Alkohol trinkt. Die Planung, zurück in die Nähe der Privatschule in eine therapeutische Wohngemeinschaft zu ziehen, stellt sich als unrealisierbar heraus. Die Jugendliche macht die Erfahrung, dass alles, was sie mit viel Einsatz, Mühe und auch Unterstützung durch andere in die Wege leitet, scheitert – da sie den Weg in die Fremde nicht gelernt hat. Sie wird depressiv und fühlt sich von allen verlassen, auch von der Therapeutin. Als diese ihr vermitteln möchte, dass jeder lernen muss, mit Misserfolgserfahrungen umzugehen, bricht sie die Stunde wütend ab. Die Therapeutin fühlt sich in der Gegenübertragung mies, wie eine Mutter, die völlig das Verkehrte tut, verständnislos ist und sie sich mit ihren Belangen allein überlässt. Es wird festgestellt, dass sie am Wochenende beim Besuch der Disko aufgespartes Stillnox® und Aponal® in höheren Mengen zu sich genommen hat, um sich einen Kick zu geben.

Phase 3

Das Verhalten der Eltern löst bei den Mitarbeitern und auch der Therapeutin immer wieder Empörung aus. Obwohl die Mutter vermögend ist, scheint sie der Tochter nichts zu gönnen, wenn diese für etwas nachfragt. Falls sie in eine therapeutische Wohngemeinschaft gehen möchte, soll das z. B. von ihrer Erbschaft bezahlt werden. Es wird immer wieder auf die Einstellung „Entweder du tust es so, wie ich das will, oder ich lasse dich fallen" zentriert. Es gelingt der Mutter zwar, dies zu erkennen, sie kann sich jedoch nicht davon distanzieren. Die Jugendliche ist in dieser Zeit sehr instabil und pendelt zwischen Abbruch und Dableiben, Idealisierung und Entwertung. Sie hat große Mühe, sich für ihre Belange einzusetzen. Für sie war alles im Grunde umsonst. Es hat sich keine wirkliche Perspektive bisher entwickelt. Irgendwie waren es Luftschlösser, die ohne die jeweiligen Realitäten gebaut wurden. Einziger Trost scheinen Alkohol und Drogen oder ein Sammelsurium von Medikamenten zu sein. Zugleich attackiert sie die Team-Mitglieder, ebenso die Therapeutin. Die fahre ein dickes Auto, habe nur Regeln im Kopf, kein Verständnis für sie und bereichere sich an ihr. Sie fühlt sich total alleingelassen, ohne Freunde und droht, sich etwas anzutun oder sich so zu verhalten, dass sie vor die Tür gesetzt wird. Besonders zu schaffen macht ihr, als sie sich klar machen muss, dass sie nicht mehr zurück in die alte Situation kann. Nun hat sie auch ihr Zuhause, ihre Drogengang – verloren. Sie weigert sich zu sprechen. Oder sie attackiert die Therapeutin, die Bullshit rede und mit ihrer Theorie völlig daneben sei. Sie kann sie nicht leiden, und dann arbeitet sie trotzdem wieder. Als die Therapeutin dann wieder in den Urlaub geht, hat sie völlig „verschissen". Sie will weg sein, bevor die Therapeutin wieder da ist. Sie macht kurz vor dem Ende des Urlaubs der Therapeutin eine Alkohol-sause mit anderen Jugendlichen am Bahnhof. Nach den vielen Aktionen, die sie sich bisher geleistet hat, ist das ein Entlassungsgrund. Statt Entlassung wird sie in das nahe gelegene Landeskrankenhaus verlegt, wo sie sich im Abstand überle-gen soll, wie ihre weitere Behandlungsperspektive aussieht. Im Landeskranken-haus lernt sie einen Jugendlichen kennen, der ebenso wie sie bisher gescheitert ist. Er wird eine Art neuer Bezugpunkt oder Zuhause, wobei sie sehr kritisch prüft, ob er für sie gut ist und sie nicht zu sehr überwältigt.

Phase 4

Die Jugendliche verändert nun ihr Äußeres. Sie trägt nicht mehr Kapuze und Kappe, um ihre Haare und ihr Gesicht zu verbergen. Sie zeigt sich mit ihrem Körper. Bei genauer Betrachtung sieht man noch feine Narben an den Unterar-men, jedoch keine neuen Verletzungen. Nachdem die Therapeutin zeitweilig immer wieder in die Rolle der ihre Selbstbestimmung wegnehmende intrusiven Person gerückt war, die sie massiv attackierte, ohne dass es dann möglich war, in einer solchen Situation zu arbeiten, gelingt es nun mehr und mehr, solche Ver-strickungen zu vermeiden. Sie ist ausgeglichener, beobachtet sich selbst und wundert sich über vieles. Sie plant nun, in der Stadt in der Nähe der Klinik zu bleiben. Dafür möchte sie längerfristig eine andere Schule besuchen, auf die sie vor der Entlassung regelmäßig geht. Dort fühlt sie sich weniger als Außenseite-rin. Sie sucht eine therapeutische Wohngemeinschaft. Sie ist begehrt und umwor-ben. Sie freut sich auf die Freiheit nach der Entlassung und die Tatsache, dass sie dann selbst entscheiden kann, ob sie noch Drogen und Alkohol nehmen will. Sie will endlich Bedingungen haben, in denen sie über sich selbst bestimmen und entscheiden kann. Gleichzeitig ist es ihr sehr wichtig, ihre schulische Laufbahn fortzusetzen und hier eine besonders gute Schülerin zu sein. Eine weitere Be-handlung im ambulanten Rahmen ist geplant.

3 Ausblick

Zum Zeitpunkt der Entlassung ist die Jugendliche deutlich stabiler geworden. Symptome wie selbstverletzendes Verhalten und die Essstörungsproblematik hat sie aufgeben können. Nach wie vor zeigt sie instabile Muster. Es gelingt ihr jedoch immer mehr, frühzeitig für ihre Belange zu sorgen und sich aus intrusiven Interaktionen zu distanzieren. Spaltungsmechanismen, die zur Folge haben, dass die Therapeutin plötzlich in die Rolle des „bösen überwältigenden mütterliches Objekts" gerät, treten nicht mehr auf. Sie kann die Therapeutin als hilfreiches, sie begleitendes Objekt verwenden. Auch auf Seiten der Mutter werden deutliche Einstellungsänderungen erkennbar. Sie macht jetzt selbst eine Therapie. Ein Motto im Umgang mit ihrer Tochter ist für sie geworden: „Es gibt auch etwas in der Mitte". Das Verhältnis von Mutter und Tochter ist entlastet und von Vertrauen getragen.

Offen ist, ob es der Jugendlichen gelingen wird, auf Drogen und Alkohol zu verzichten. Da sie weiterhin zu depressiven Zuständen neigt und weit weg von Zuhause von Gefühlen des Alleingelassenseins heimgesucht wird, könnten Alkohol und Drogen als Tröster weiterhin eine Rolle spielen. Da sie in der Klinik bisher engen Kontrollen unterworfen war, wird sie daran ihre Eigenständigkeit beweisen – wenngleich sie in der Wohngemeinschaft auch mit seltenen Kontrollen rechnen muss.

Insgesamt erscheint die Jugendliche jedoch auf einem guten Weg und sehr motiviert, in der Schule gute Leistungen zu erbringen.

Literatur

Dubois, R. & Resch, F. (2005). Klinische Psychotherapie des Jugendalters. Stuttgart: Kohlhammer.

Giovacchini, P. (1978). The Borderline Aspects of Adolescence and the Borderline State. In Feinstein, S. & Giovacchini, P. (Eds). Adolescence psychiatry (pp. 320–338). Chicago: University of Chicago.

Streeck, U. (2006). Psychotherapie komplexer Störungen. Stuttgart: Klett-Cotta.

Streeck-Fischer, A. (2006). Trauma und Entwicklung. Frühe Traumatisierung und ihre Folgen in der Adoleszenz. Stuttgart: Schattauer.

Treurniet, M. (1995). Was ist Psychoanalyse heute. Psyche, 49, 111–140.

Kommentar von Michael Schulte-Markwort

In ihrer Kasuistik greift Annette Streeck-Fischer zunächst eine Diskussion auf, die seit dem Aufkommen der standardisierten, operationalisierten Klassifikation, wie die ICD-10 sie darstellt, immer wieder intensiv geführt wurde. Der Preis für einen hohes Maß an Operationalisierung und hoher Interraterreliabilität ist der Wegfall von bestimmten diagnostischen Kategorien und Gewohnheiten, wie sie z. B. der Begriff der Adoleszenzkrise darstellt und die sich aufgrund ihrer symptomatischen Breite und Unschärfe nicht operationalisieren lässt.

Jeder Klinikerin/jedem Kliniker sind Phasen der Labilisierung in der Adoleszenz vertraut, die durchaus mit vorübergehenden Symptomen und bisweilen auch mit einer Behandlungsbedürftigkeit einhergehen können, ohne dass sie vom Schweregrad her zwingend eine diagnostische Kategorie der ICD-10 erfüllen. Dazu gehören insbesondere u. a. depressive Krisen, affektive Sensitivität durchaus mit euphorischen/hypomanischen Phasen – sub-anorektische beziehungsweise sub-bulimische Essstörungen, Drogenabusus sowie Phasen der Dissozialität. Nicht selten erscheinen die Jugendlichen psychisch so instabil, dass zumindest die Verdachtsdiagnose einer Borderline-Störung gestellt werden muss. Auch wenn der Begriff der Behandlungsbedürftigkeit kaum reliabel zu operationalisieren ist, sind solche adoleszenten Symptome oder (prä-)klinischen Störungen in ihrer Entstehungsgeschichte nur denkbar bei entsprechender Vulnerabilität oder prämorbide bestehenden Symptomen, weshalb die Scheu der Vergabe einer oder mehrerer Diagnosen nicht ganz nachvollziehbar ist.

Dies wird in der Kasuistik der Patientin auch deutlich und in der Psychodynamik ausführlich beschrieben. Insofern ist die Einleitung nicht ganz nachzuvollziehen, zumal in der ICD-10 das Prinzip der Komorbidität gilt, das heißt, dass Diagnosen solange vergeben werden, bis sie das gesamte psychopathologische Spektrum eines Patienten möglichst vollständig abdecken. Dies wird in der Kasuistik mit der Vergabe von drei Diagnosen auch so gehandhabt. Mit der Diagnose einer Adoleszentenkrise könnte man die beschriebene Symptomatik vielleicht auch abdecken, in der Kommunikation mit anderen Professionellen müsste man die einzelnen Symptombereiche beschreiben und zusätzlich ausführen. Mit der Diagnostik gemäß ICD-10 ist dies schon geschehen. Das immer wieder angeführte Argument einer potentiellen Stigmatisierung ist durch die „Verschleierungsdiagnose" Adoleszentenkrise nicht gelöst.

Im Behandlungsteil der Kasuistik von Annette Streeck-Fischer wird sehr gut deutlich, wie umfassend und multidisziplinär gerade im stationären Setting das Handling solcher Patientinnen sein muss. Nur durch ein stringentes und gleichzeitig haltendes Setting wird es möglich, der Patientin einen längeren Aufenthalt mit den notwendigen Änderungen ihrer psychischen Instabilität und ihren ausagierenden Verhaltensweisen zu ermöglichen. Auf dieser Basis wird in Kombination mit psychopharmakologischer und non-verbaler Psychotherapie der Behandlungserfolg gesichert.

Nicht ganz verständlich ist die Aussage, dass die Ergebnisse standardisierter Diagnostik für die Psychodynamik nicht relevant sind. Dies gilt für die vorliegende Psychodynamik um so mehr, als die Patientin schon als kleines Kind als überaktiv und unruhig beschrieben wurde. Da nicht genau beschrieben wird, worauf sich der Ausschluss einer ADHS gründet, würde man sich unabhängig von den guten Schulnoten der Patientin eine differenzierte Testdiagnostik unter Einbeziehung der Konzentrationsfähigkeit wünschen.

Ohne Zweifel ist psychodynamisch in der Entwicklung der Patientin die zunächst über viele Jahre sehr enge (ambivalente?) Beziehung zur Mutter bei gleichzeitiger Unzuverlässigkeit des Vaters bedeutsam. Dies gilt besonders vor dem Hintergrund, dass sich diese enge Beziehung durch einen neuen Freund der Mutter im Alter von sieben Jahren der Patientin dramatisch verändert und sie schließlich in der Folge ab dem 14. Lebensjahr in ein Internat weggegeben wird. Inwieweit es die Erwartung der Mutter war, ihre Tochter solle ihr „Sonnenschein" sein, erschließt sich aus den Angaben nicht unmittelbar. Es wird deutlich, dass für den weiteren Lebensverlauf der Patientin eine Integration der destruktiven psychischen Anteile, die sowohl aus der Beziehung zu der Mutter resultieren als auch zum Vater, darüber entscheiden werden, ob der Patientin eine befriedigende Beziehungsaufnahme zu ihrer Umwelt ohne destruktive Elemente gelingt.

Die in der Kasuistik beschriebenen Symptome und die spezifische psychodynamische Konstellation, in der sich die Patientin befand, sind sicherlich nur über längere stationäre, haltende Therapien zu beeinflussen. Eine Heilung im eigentlichen Sinn wird man von der stationären Behandlung sicherlich nicht erwarten, weshalb eine Überführung in eine ambulante Psychotherapie am Ende notwendig ist. Unter psychopharmakologischen Gesichtspunkten ist eine Behandlung von Schlafstörungen mit Zolpidem aufgrund des hohen Suchtpotentials bei Kindern und Jugendlichen überhaupt und bei Jugendlichen mit Drogenerfahrungen besonders kritisch zu sehen. Hier hätte sich vielleicht gerade vor dem Hintergrund der depressiven Symptomatik eine Behandlung mit Mirtazapin angeboten. Dieser Hinweis soll nicht als Besserwisserei missverstanden werden, sondern eher als Hinweis darauf, dass in der deutschen Kinder- und Jugendpsychotherapie psychopharmakologische Fragestellungen oft zu wenig diskutiert werden. Dies gilt auch für die Frage einer kombinierten psychotherapeutischen und psychopharmakologischen Behandlung. Die vorliegende Kasuistik zeigte, wie hilfreich und oft notwendig diese Ergänzung sein kann, ohne dass sich Widerstandsphänomene im Patienten potenzieren müssen. Für diesen integrativen Ansatz in der Kinder- und Jugendlichenpsychotherapie ist die vorliegende Kasuistik ein hervorragendes Beispiel.

12 Kasuistik II: Zwangsstörung

Lydia Suhr-Dachs • Manfred Döpfner

1 Symptomatik und Anlass der Vorstellung

Fabian ist 13 Jahre alt und besucht die 7. Klasse eines Gymnasiums. Sein Bruder ist zwei Jahre älter. Fabians Vater arbeitet als Rechtsanwalt, seine Mutter ist Lehrerin. Fabian berichtet bei der Erstvorstellung von folgenden Problemen: Er leide unter verschiedenen Zwangshandlungen, die unter anderem in einem Waschzwang bestehen. So dusche er täglich fünf Mal, Hände waschen ca. 20 Mal am Tag. Außerdem wechsle er sieben Mal am Tag die Kleidung. In Bezug auf die Eltern falle ihm auf, dass er sie häufig anstarren müsse. Er sagt dazu, er müsse sie als eine Art Gegenbild gegen die schlimmen Bilder erzeugen. Wenn seine Eltern nicht anwesend seien, betrachte er ein Foto von ihnen, das ebenfalls gegen die Bilder im Kopf helfe. Auch müsse er die Eltern häufig berühren und ihnen immer wieder sagen „Ich habe euch lieb". Fabians Eltern berichten von einer aktuellen Zuspitzung der Symptomatik. So habe Fabian versucht, sich mit einer Schere verzweifelt an der Stirn zu ritzen, „um die schlimmen Bilder zu vertreiben".

Auf die Frage nach den Auslösern der Zwangssymptome benennt Fabian vor allem Personen und Gegenstände, die mit seinem Religionsunterricht in Verbindung stehen. Seine Religionslehrerin empfinde er als außerordentlich „eklig", wobei sich das Ekel-Gefühl auf die Religionsmitschüler, den Religionsraum, Gegenstände aus dem Religionsunterricht (Füller, Mäppchen, Religionsheft, Bibel) ausgedehnt habe. Noch nicht einmal Fotos oder die Stimme der Religionslehrerin könne er aushalten. Neben Personen und Gegenständen, die mit dem Religionsunterricht gekoppelt sind, lösten auch hässliche, dicke und alte Leute entsprechende Ekelgefühle hervor, auf die er mit Hände waschen, Duschen und Umkleiden reagiere. Fabian weigert sich, hinter solchen Personen her zu gehen, es sei denn, seine Eltern haben zuvor das „Revier gereinigt". Seine Befürchtungen dazu sind, dass diese Personen einen Film auf seiner Haut hinterlassen könnten, der ihn verseuchen würde. Fabian äußert, lediglich attraktive oder ihm ähnelnde Gleichaltrige akzeptieren zu können.

Die Eltern werden vorstellig in einer kinder- und jugendpsychiatrischen Ambulanz, da Fabian mittlerweile über den Besuch des Religionsunterrichtes hinaus den kompletten Schulbesuch verweigert. Fabian wünscht sich, „wieder mehr Raum zu haben" und „die eigenen Gedanken ändern zu können". Laut seinen Eltern soll Fabian „wieder der Alte" und fröhlicher werden. Zudem wünscht sich die Mutter, dass Fabian anderen eine Chance gibt, unabhängig von ihrem äußeren Erscheinungsbild.

2 Lebensgeschichtliche Entwicklung und Krankheitsanamnese

Die Schwangerschaft verlief problematisch (mit Erbrechen und starkem Gewichtsverlust der Mutter). Fabian kam als Frühgeburt mit Kaiserschnitt zur Welt und war ein „Schreikind". Die Entwicklung im Kleinkindalter war durch Eigenwilligkeit und häufige Wutanfälle gekennzeichnet. Im Kindergarten bestand eine schlechte soziale Integration, an der sich bis zum aktuellen Zeitpunkt nichts geändert hat. Fabian konnte „Andersartigkeit" (vor allem bei dicken und „hässlichen" Kindern) immer schlecht akzeptieren und reagierte sofort mit Ablehnung und Distanz. Gegenüber den Eltern zeigte er stets eine starke Anspruchshaltung, z. B. ließ er sich gern von der Mutter bedienen. Zärtlichkeiten waren ihm immer schon zuwider. Bereits in der Grundschule fiel er durch eine „musterhafte" Heftführung auf. In der vierten Klasse habe Fabian darauf bestanden, sich in der Bekleidungsfarbe von einem übergewichtigen Mitschüler abzugrenzen.

Die aktuelle Symptomatik entwickelte sich schleichend im Verlauf der fünften Klasse auf dem Gymnasium mit immer stärker werdenden Ekelgefühlen gegenüber der Religionslehrerin und gegenüber sämtlichen Personen und Gegenständen, die mit der Religionslehrerin in Verbindung standen.

Die Familie ist stark in die Symptomatik eingebunden. So unterstützen sie zwanghaftes Verhalten, indem sie auf Fabians Kommando hinter „verseuchten" Personen hergehen, bestimmte Gegenstände wegräumen und die „Ich habe euch lieb-Formeln" bestätigen.

Die beschriebene Symptomatik führt Fabians Eltern zunächst zu einem Kinder- und Jugendpsychiater, der eine ADHS und eine Depression diagnostiziert habe ohne weitere Behandlungsempfehlung.

Als zwanghafte Handlungen und passives Vermeidungsverhalten (zunächst beschränkt auf den Religionsunterricht) in einer generellen Schulverweigerung gipfeln, suchen Fabians Eltern Rat in der Ambulanz für Kinder- und Jugendlichenpsychotherapie.

Zur familiären Anamnese ist bekannt, dass der Vater einen depressiven Einbruch nach einer beruflichen Krise erlitt und damals psychotherapeutische und medikamentöse Hilfe benötigte. Er beschreibt sich selbst als „Choleriker" und sehe bei sich und anderen immer nur das Negative. Außerdem habe er Probleme mit Leuten, die anders leben als er (z. B. die Nachbarn). Der Großvater mütterlicherseits sei ängstlich-unsicher und grüblerisch. Großonkel und Cousine väterlicherseits hatten es „an den Nerven" und mit Depressionen zu kämpfen. Fabians Bruder wird als unproblematisch beschrieben. Weder die Eltern noch Fabian selbst haben eine enge religiöse Bindung.

3 Psychischer Befund

Fabian wirkt körperlich deutlich jünger, als er ist. Demgegenüber fällt im Gespräch ein über den Altersdurchschnitt ausgeprägtes differenziertes verbales Ausdrucksvermögen auf, das in Übereinstimmung mit einem weit überdurchschnittlichen intellektuellen Potential (IQ = 134) steht. Der Junge verhält sich gegenüber der Therapeutin eher zurückweisend. Er lehnt es komplett ab, der Therapeutin die Hand zu geben, oder nur irgendetwas im Therapieraum anzufassen. Er bleibt die ganze Zeit mit gespreizten Fingern angespannt auf seinem Stuhl sitzen. In Anwesenheit der Eltern fällt auf, dass Fabian seine Eltern immer wieder regelrecht anstarrt. Vom Affekt her wirkt er deutlich herab gestimmt und wenig schwingungsfähig.

Testdiagnostik

In der Kurzversion des Hamburger-Zwangsinventars (Zaworka et al., 1983) erreicht Fabian lediglich auf der Skala „Gedanken, sich selbst oder anderen Leid zuzufügen" einen Stanine-Wert von 7, alle anderen Skalen sind unauffällig. Auch im Leyton-Fragebogen (Berg et al., 1986; deutsch: Döpfner, 1999) und im klinischen Interview anhand der Children's Yale-Brown Obsessive Compulsive Scale (Goodman et al., 1986; deutsch: Döpfner, 1999) werden eine Tendenz zur Dissimulation der Symptomatik und der entsprechenden Beeinträchtigung deutlich. In dem Fragebogen für Jugendliche – YSR (Arbeitsgruppe Deutsche Child Behavior Checklist, 1998a) zeigen sich ebenfalls keine auffälligen Werte. Lediglich in dem Elternfragebogen über das Verhalten von Kindern und Jugendlichen – CBCL (Arbeitsgruppe Deutsche Child Behavior Checklist, 1998b) liegen die Werte der Skalen „ängstlich-depressiv", „soziale Probleme" und „schizoid/zwanghaft" im auffälligen Bereich.

Selbstbeobachtungsbögen zu Zwangssymptomen verweisen im Unterschied zu den standardisierten Fragebögen auf eine sehr hohe Frequenz von Handlungszwängen in Form von Hände waschen (20 bis 30 Mal täglich), Duschen (fünf Mal täglich), Rückversicherungen bei den Eltern (bis zu 10 Mal täglich) und diverse passive Vermeidungsstrategien.

Verhaltensanalyse

Die Symptomatik besteht in einer chronischen Zwangserkrankung, bei der neben Zwangsgedanken vorwiegend Zwangshandlungen im Vordergrund stehen. Neben dem aktiven Vermeidungsverhalten liegt zudem passives Vermeiden von ekelbesetzten Stimuli vor.

Anhand eines bio-psycho-sozialen Modells lässt sich die Entstehung der Zwangsstörung wie folgt erklären: Väterlicherseits wird eine bestimmte Persönlichkeitsentwicklung und generelle Haltung begünstigt, die Abweichungen von den eigenen Standards und Normen eher ablehnend begegnet und auf Abgrenzung bedacht ist. Dieser Temperaments- bzw. Persönlichkeitsfaktor wird vermutlich nicht nur als Organismus-Variable (als Disposition) vermittelt, sondern wirkt sich zudem über das Lernen am väterlichen Modell sowie über die entsprechenden Erziehungspraktiken prägend aus. Eine weitere Vulnerabilität kann in der Häufung der affektiven Störungen in der Familie vermutet werden. Schon prämorbid war Fabians Persönlichkeit durch Rigidität und Ordnungsliebe gekennzeichnet.

Vor dem Hintergrund der familiären, psychosozialen und intrapsychischen Risikofaktoren wird von einer eher spontanen Ekel-Entstehung im Zusammenhang mit der Religionslehrerin berichtet. Religion hat weder für Fabian noch für die Eltern eine zentrale Bedeutung. Die Religionslehrerin wird von den Eltern als eine äußerlich unattraktive Person beschrieben. Die Ausweitung und Stabilisierung der Zwangsstörung lässt sich im weiteren Verlauf lerntheoretisch gut anhand operanter Verstärkungsprozesse erklären. So erfährt Fabian im Zuge diverser Zwangshandlungen (und -gedanken) eine deutliche Reduktion der belastenden Ekel- und Anspannungsgefühle. Die störungsbezogene elterliche Aufmerksamkeit (bis hin zur Einbindung in die Zwangssymptomatik) und die zunehmenden schulischen Entlastungen stellen weitere interpersonale positive und negative Verstärkungsprozesse dar, die zu einer Verfestigung und Ausweitung der Symptomatik beitragen. Aufgrund der intrapersonal verstärkenden Effekte der aktiven und passiven Vermeidung von ekel- und spannungsauslösenden Stimuli verhindert Fabian auf emotional-physiologischer Ebene eine Habituation des Ekel-/Angstgefühles und auf kognitiver Ebene korrektive Erfahrungen bezüglich seiner Einstellungen und Befürchtungen.

Exemplarisch lässt sich das Problemverhalten folgendermaßen darstellen:

S^{ext}	Füllfederhalter in der Hand
S^{int}	„Der hinterlässt der einen ekligen Film auf meiner Haut. Ich bin total verseucht."
O	Disposition zu Rigidität prämorbide Persönlichkeit
$R^{emotional}$	Ekel
$R^{physiologisch}$	Anspannung
$R^{kognitiv}$	Bild der Eltern (kognitives Ritual, das der Minderung von Ekel und Anspannung dient)
$R^{motorisch}$	Händewaschen. Weitere Gegenstände aus der Schule werden nicht angefasst. Die Mutter soll diese wegräumen.

Kurzfristig:	
C-	Reduktion von Ekel, Verseuchungs-Befürchtungen und Anspannung
C+	Mütterliche störungsbezogene Aufmerksamkeit
C+	Mangelnde Habituation an ekelauslösende Stimuli
Langfristig:	
C-	Verfestigung von zwanghaften Handlungen und Gedanken, Belastung sozialer Beziehungen, Unfreiheit
C+	Mangelnde korrektive Erfahrungen

Ressourcen des Patienten sind seine gute Intelligenz und Reflexionsfähigkeit. Außerdem ist er sehr sportlich und vom Aussehen her ansprechend.

Diagnose

Die präsentierte Symptomatik wird als „Zwangsstörung mit vorwiegend Zwangshandlungen" (ICD-10: F42.1) klassifiziert. Differentialdiagnostisch wird eine psychotische Störung ausgeschlossen, da eine hinreichende Ich-Dystonie vorliegt und der Film auf der Haut vielmehr eine ängstliche und ekelbesetzte Antizipation und weniger eine taktile Halluzination darstellt.

4 Therapieziele und Behandlungsplan

Mit Fabian und seinen Eltern werden folgende Therapieziele vereinbart:

Patientenzentrierte Ziele

▶ Aufbau einer vertrauensvollen therapeutischen Beziehung, um die Grundlage für die gemeinsamen Expositionen zu schaffen
▶ Einleitung einer flankierenden Pharmakotherapie, um die zügige Wiederaufnahme des Schulbesuches zu fördern
▶ Verminderung der Zwangssymptomatik (Reduktion von Zwangshandlungen und -gedanken)
▶ Abbau passiven Vermeidungsverhaltens (Annäherung an ekelbesetzte Gegenstände und Personen, z. B. Bibel, Religionsbuch, dicke, alte und hässliche Leute, Wiederaufnahme des Religionsunterrichtes)
▶ Stärkung sozialer Kompetenzen (z. B. Förderung von Toleranz gegenüber „Andersartigkeit") und Verbesserung der Integration in Gleichaltrigengruppe

Familienzentrierte Ziele

▶ Abbau familiärer Bedingungen, die zu einer Verstärkung und Aufrechterhaltung der Störung beitragen (z. B. Arbeit an der geringen Toleranz und Flexibilität des Vaters, der als Modell fungiert. Abbau positiver und negativer Verstärkungsprozesse als elterliche Reaktionen auf zwanghafte Symptome. Gezielte Verstärkung von Annäherungen des Patienten an ekelbesetzte Reize). Im Zusammenhang damit steht auch die kotherapeutische Einbindung der Eltern
▶ Aufbau positiver Familieninteraktionen

Behandlungsplan

Nach dem Aufbau einer vertrauensvollen Beziehung sollen die Behandlungsziele mithilfe der verhaltenstherapeutischen Strategien der graduierten Exposition in vivo und/oder in sensu mit Reaktionsverhinderung und kognitiver sowie familienbezogener behavioraler Interventionen (vgl. Döpfner, 1999, 2003) erreicht werden. Vorrangig geht es dabei um den Abbau der Zwangssymptomatik. Im weiteren Behandlungsverlauf sollen jedoch auch familiäre Bedingungsfaktoren der Störung, wie zum Beispiel das väterliche Modell in Bezug auf die Ablehnung von Andersartigkeit, bearbeitet werden.

Anvisiert wird eine flexible Behandlungsfrequenz mit mindestens einer Sitzung pro Woche. Während der Expositionsphase soll die Behandlung bezüglich Dauer und Häufigkeit intensiviert werden. Während der gesamten Therapiephase sollen sowohl Gespräche mit dem Patienten allein, mit der gesamten Familie, mit beiden Elternteilen und mit dem Vater allein geführt werden. Eine kotherapeutische Einbindung der Eltern ist vorgesehen.

In den ersten Monaten der Behandlung soll Fabian die ihm bekannten Selbstbeobachtungsbögen zu Zwängen aus der diagnostischen Phase weiter führen, was ihm eine hohe Compliance abverlangt. Da Fabian zu Beginn der ambulanten Behandlung durch die Zwangssymptome sehr beeinträchtigt und deutlich herabgestimmt ist, wird eine flankierende Pharmakotherapie mit Anafranil® eingeleitet. Diese wird auch empfohlen, um eine stationäre Behandlung abzuwenden und um die Wiederaufnahme des Schulbesuches zu erleichtern.

5   Behandlungsverlauf

Beziehungsaufbau. Ziel der ersten Sitzungen mit Fabian ist es zunächst, durch ein ressourcenorientiertes Vorgehen eine vertrauensvolle Beziehung zu Fabian aufzubauen, auch um die Grundlage für die geplante, belastende Expositionsbehandlung zu schaffen. Die Hobbys und Interessen von Fabian stehen in dieser Phase im Vordergrund. In dieser Zeit besteht die Therapeutin nicht darauf, das Vermeidungsverhalten, das sich auch im therapeutischen Kontext deutlich bemerkbar macht, zu unterlassen. Parallel zu den Stunden mit Fabian wird mit den Eltern ein gemeinsames Störungsmodell erarbeitet, in dem die biologischen, psychosozialen und lerntheoretischen Faktoren der Zwangsstörung beleuchtet werden. Dabei erweist sich Fabians Vater als interessiert in Bezug auf seinen Anteil als Modell für die ablehnende Haltung gegenüber Abweichungen von den eigenen Normen und Standards.

Medikation. Unter der Medikation gelingt es Fabian, den Schulbesuch wieder aufzunehmen. Anstelle des Religionsunterrichtes darf er einen Ethik-Kursus besuchen. Die Teilnahme an dem regulären Religionsunterricht wird jedoch als mittelfristiges Therapieziel explizit formuliert.

Reizhierarchie. In separaten Stunden wird mit Fabian anhand von gemeinsamen Analysen seiner Selbstbeobachtungsprotokolle der „Teufelskreis" seiner aktiven und passiven Vermeidungsstrategien erarbeitet. Analog zu seinen Erfahrungen im Umgang mit bewältigten Ängsten kann Fabian die Einsicht gewinnen, dass eine Konfrontation mit unangenehmen bzw. ekelbesetzten Reizen unerlässlich ist, um dauerhaft „seine Freiheit" wieder zu gewinnen. Die Plausibilität des Störungs- und Behandlungskonzeptes weckt Fabians Bereitschaft zur Erstellung einer individuellen Ekel-Hierarchie in Form eines von 0 bis 100 reichenden Ekel-Thermometers, in dem die Reize wie zum Beispiel das Religionsbuch, die Bibel, der Füllfederhalter, das Stifte-Mäppchen, ein Foto der Religionsklasse, ein Foto der Religionslehrerin, die Stimme der Religionslehrerin und letztendlich der Besuch des Religionsunterrichtes (als Top-Item) hinsichtlich des Grades an Ekelerregung abgetragen werden. Auch die kritischen Reize aus dem Alltag, z. B. dicke, alte und hässliche Leute, werden in die Hierarchie mit aufgenommen.

Mit Fertigstellung der Ekel-Hierarchie beginnen die großen Sommerferien, so dass Fabian eine intensive Behandlungsphase mit einer hoch-frequenten Expositionsbehandlung angeboten wird. Die Aussicht auf einen zügigen Abbau der belastenden Symptome motiviert Fabian schließlich zur Einwilligung. Auch die Eltern erklären sich bereit, die Ferien in die intensive therapeutische Arbeit zu investieren.

Erarbeitung eines gemeinsamen Störungsmodells. Sowohl mit Fabian als auch mit seinen Eltern werden zunächst an einem allgemeinen Modell die Wirkprinzipien und Durchführungsmechanismen der graduierten Exposition in vivo erläutert. Anders als bei der Angstbehandlung geht es bei dem Abbau von Zwängen nicht nur um die Annäherung an die gemiedenen Reize bzw. das Unterlassen der passiven Vermeidung, sondern vor allem auch um die Unterlassung der aktiven Vermeidungsreaktion in Form von Zwangshandlungen und -gedanken (Reaktionsverhinderung).

Aufgrund der ausgeprägten Symptome entscheiden sich der behandelnde Arzt und die Psychotherapeutin dagegen, die Medikation vor der Exposition auszuschleichen. Mit Fabian und seinen Eltern wird deshalb vereinbart, die Medikation verzögert nach den ersten Expositionserfolgen zu reduzieren.

In-vivo-Konfrontation in der Therapie. In Anlehnung an die Ekel-Hierarchie werden mit Fabian gemeinsam die konkreten Übungen besprochen, im Rahmen derer Fabian sich mit den ekelbesetzten Gegenständen konfrontieren soll. Fabian wird der Vorschlag unterbreitet, dass seine Mutter für die nächste Behandlungsstunde sämtliche aversiven Gegenstände in einer Tasche zusammenstellt, damit eine stufenweise Konfrontation mit den realen Auslösern der Zwangssymptomatik eingeleitet werden kann. Fabian willigt ein und die Therapeutin sichert ihm absolute Mitbestimmung bei der Durchführung der anstehenden Aufgaben zu. So soll er selbst bestimmen, wann er welchen Gegenstand in den Übungen angehen möchte. Außerdem wird Fabian darin bestärkt und ermutigt, sich auf die Übungen einzulassen. Mit Fabians Eltern wird vereinbart, dass er bei guter Kooperation in den Expositionen die lang ersehnte Skater-Ausrüstung bekommen soll.

In der nächsten Stunde erscheint Fabian zuversichtlich gestimmt mit einer großen Reisetasche, die sämtliche kritischen Objekte beinhaltet (Stifte-Mäppchen, Füller, Fotos der Religionsklasse und -lehrerin, Bibel, Religionsbuch, Schul-Rucksack).

Zum Einstieg in die erste Expositionsübung wird Fabian noch einmal in Bezug auf seine Motivation und sein Vertrauen in die gemeinsame Durchführung exploriert. Zudem wird er daran erinnert, Gegenbilder im Kopf zu unterlassen, da diese die Wirkung der Übung aufheben würden. Fabian soll der Therapeutin mit einem Handzeichen eventuelle Gegenbilder anzeigen.

Die anfängliche Skepsis beim Anblick der Gegenstände aus der Ferne lässt sich durch das Versprechen reduzieren, dass Fabian sich einen Gegenstand aussuchen darf, dem er sich nur allmählich in dem Behandlungszimmer annähert, wobei der das Tempo selbst bestimmen kann. Fabian entscheidet sich für den Füller, so dass die anderen Gegenstände von der Therapeutin wieder entfernt werden. Fabian betrachtet den Füller zunächst aus der Ferne und kann sich in seinem eigenen Tempo allmählich dem Tisch annähern, auf dem sich der Füller befindet. Die Therapeutin exploriert Fabian daraufhin in Bezug auf den empfundenen Ekel (von 0 bis 100) beim Anblick des Füllers und in Bezug auf seinen Drang, sich die Hände zu waschen (0 = gar nicht bis 100 = sehr stark). Fabian beziffert die Ekel-Stärke mit 80 und den Impuls zum Händewaschen mit 60. Die Therapeutin schlägt Fabian vor, sich dem Füller allmählich anzunähern, setzt aber keine Zeitbegrenzung für die allmähliche Annäherung. Zögerlich gelingt es Fabian, sich auf den Tisch zu zu bewegen, auf dem der Füller liegt. In regelmäßigen Abständen wird er gebeten Intensität seines Ekel-Gefühls und seines Impulses sich die Hände zu waschen, einzuschätzen, wobei sich eine allmählich abnehmende Ekelstärke und ein abnehmender Drang zum Händewaschen abzeichnen. Nach 20 Minuten kann Fabian an dem Tisch Platz nehmen, auf dem der Füller liegt. Nun schlägt die Therapeutin vor, den Füller zu berühren, was zunächst ein erhöhtes Ekelgefühl auslöst. Um Fabian die Aufgabe zu erleichtern, soll er den Füller zunächst nur mit einem Finger antippen. Da Fabian dieser Aufforderung nachkommen kann, ohne einen weiteren Anstieg des Ekels zu bemerken, gibt die Therapeutin ihm zur Aufgabe, den Füller mit einer immer größeren Handfläche zu berühren, bis er schließlich den Füller in die Hand nehmen kann. Parallel benennt er weiter die Intensität des Ekelgefühls und des Dranges die Hände zu waschen. Nach 30 Minuten hat Fabian sich an den Füller „gewöhnt" und staunt über das Gelingen der Übung. Die Therapeutin vergewissert sich der unterlassenen Zwangsrituale (Gegenbilder) und bestärkt Fabian in seinem Durchhaltevermögen und in seinem Mut. Fabian schlägt von sich aus vor, die Prozedur mit dem Mäppchen zu wiederholen. Das gleiche Übungs-Arrangement wird daraufhin mit dem Mäppchen wiederholt. Auch dabei kommt es nach etwa 45 Minuten zu eine kompletten Habituation an den Ekel auslösenden Reiz. Mit Fabian wird vereinbart, dass er sich bei Verlassen des Behandlungszimmers und auch zu Hause bis zum Abendessen nicht die Hände waschen soll. Auch von einem Wechsel der Kleidungsstücke wird dringend abgeraten, um die Erfolge der Übung nicht zunichte zu machen. Fabian nimmt den Füller und das Mäppchen mit nach Hause, um bis zur nächsten Therapiestunde die Übungen in Eigenregie durchzuführen. Den Verlauf der Übungen soll Fabian anhand von Expositionsprotokollen mit Vermerken zu der Stärke von Ekel- und Händewaschdrang dokumentieren. Außerdem soll Fabian die Selbstbeobachtungsprotokolle zu seinen Zwangssymptomen weiter führen.

Die weiteren Behandlungssitzungen lassen sich dahingehend zusammenfassen, dass das beschriebene Vorgehen mit der Bibel, dem Religionsbuch, dem Schul-Rucksack und den Fotos der Religionsklasse und -lehrerin wiederholt wird. Außerdem soll Fabian den Namen der Religionslehrerin aufschreiben und mehrere Male laut vorlesen, bis er nicht mehr angewidert ist. Eine weitere Variation wird in die Übungen eingebaut, indem Fabian sein Gesicht und seine Eltern nach der Berührung ekelbesetzter Gegenstände kontaminiert. Die Habituationsgeschwindigkeit innerhalb der einzelnen Übungen verläuft unterschiedlich. Dennoch wird keine der Übungen abgeschlossen, bevor Fabian einen Abfall des Ekels und seines Drangs zum Händewaschen vermerken kann.

Zwischen den Übungsetappen unterstreicht die Therapeutin immer wieder Fabians Erfolge und schreibt diese seiner eigenen Stärke zu (internale Erfolgsattribution). Die Übungsserie gipfelt mit Schuljahrsbeginn darin, dass Fabian (nach 25 Sitzungen) Kontakt zu den Schülern seiner Religionsklasse aufnimmt und seine Religionslehrerin in der Therapiestunde anruft.

In-vivo-Konfrontation häuslicher Umgebung. Die Reaktionsverhinderung von Zwangssymptomen im häuslichen Umfeld und das Unterlassen passiver Vermeidungsstrategien im Beisein der Eltern fallen Fabian deutlich schwerer. Insbesondere Alltagsreize, wie zum Beispiel Senioren in einem Ausflugslokal, lösen immer noch Fluchttendenzen aus, da Fabian heftigen Ekel verspürt. In Zusammenarbeit mit Fabians Eltern gelingt es jedoch im Verlauf, durch konsequente elterliche Reaktion, aber auch positiven Zuspruch die zwanghaften und passiv vermeidenden Reaktionen Fabians allmählich abzubauen. Anhand von konkreten Situationsbeschreibungen der Eltern wird mit den Eltern herausgearbeitet, wie sie das problematische Verhalten unterstützen bzw. verstärken, und wie sie unbemerkt in die Symptomatik eingebunden werden. Gemeinsam mit der Therapeutin entwickeln die Eltern alternative Strategien, wie sie im häuslichen Umfeld mit den diversen Symptomen umgehen. So räumt niemand mehr „verseuchte" Gegenstände weg, niemand hält für Fabian den Telefonhörer, den er seit einem Anruf der Religionslehrerin als „verseucht" erachtet, bei Unternehmungen reinigt niemand mehr das „Revier", indem Mutter oder Vater hinter hässlichen und alten Menschen hergehen. Besuche bei Personen, die von Fabian als eklig empfunden werden, finden keinen Abbruch mehr. Die „Ich-habe-dich-lieb-Formeln" werden nicht mehr rückbestätigt. Außerdem werden die Namen der Religionslehrerin und der Religionsschüler häufig erwähnt. Parallel zu den kotherapeutischen elterlichen Reaktionen in Richtung Konfrontation und Löschung reagiert insbesondere Fabians Mutter positiv auf angemessenes Verhalten, das sozial und auch materiell positiv verstärkt wird. Schließlich ist Fabian in der Lage, gemeinsam mit der Mutter ein Altenheim zu besuchen, ohne in Zwangssymptome zurück zufallen.

Aufgrund der Expositionserfolge entscheiden sich die Therapeutin und der behandelnde Arzt in Absprache mit Fabian und seinen Eltern – nach einem halben Jahr an kontinuierlicher Therapie für ein Ausschleichen der Medikation (über drei Monate) unter weiterer Beobachtung der Symptome und unter Fortführung weiterer stabilisierender Expositionen.

Familiäre Probleme. Parallel dazu kristallisiert sich immer mehr heraus, dass sowohl die elterliche Paarbeziehung als auch das Verhältnis von Fabian und seinem Vater nicht konfliktlos verläuft. So berichtet Fabian zunehmend von Enttäuschung darüber, dass sein Vater – abgesehen von dem gemeinsamen Einkauf einer Skater-Ausrüstung seine Behandlungserfolge nicht richtig würdige. Fabians Mutter bedauert ebenfalls die mangelnde väterliche Anerkennung und Akzeptanz von Fabian und äußert auch Schwierigkeiten im Umgang mit cholerischen Anteilen ihres Ehemannes. Aus diesem Grund werden gesonderte Gespräche mit Fabians Vater vereinbart, in dem die von Fabian beklagten Themen behutsam angesprochen werden. Der Vater kann sich in diesen Gesprächen öffnen und erkennen, dass er bei sich und anderen stets auf das Negative fokussiert sei, wenig Toleranz für Schwächen habe und somit insgesamt sich und seiner Familie das Leben schwer mache. Faktoren, die zu einer solchen Entwicklung beigetragen haben, werden mit dem Vater exploriert. Außerdem werden die Auswirkungen auf Fabian und die Beziehungen zu seiner Symptomatik herausgearbeitet. Der Vater zeigt ein deutliches Bedürfnis, diese Haltungen zu verändern und auch die Beziehung zu seinem Sohn zu verbessern. Die Therapeutin sieht eine exklusive Vater-Sohn-Zeit vor. Außerdem werden Kommunikationsregeln besprochen, die dem Vater helfen sollen, berechtigte von unberechtigter Kritik zu unterscheiden, sowie berechtigte Kritik konstruktiver zum Ausdruck zu bringen. Allerdings fällt es dem Vater in der Folgezeit schwer, sein eigenes Verhalten zu verändern. Diese mangelnde Umstellungsfähigkeit des Vaters bleibt von Fabian nicht unbemerkt. So äußerte er gegenüber der Therapeutin „Warum kann der sich nicht ändern, wenn ich das kann?" Die Therapeutin hilft Fabian, sich mit der offensichtlich gegenwärtig begrenzten Umstellungsfähigkeit des Vaters auseinanderzusetzen. Ohne Rückfälle gelingt es, die Medikation auszuschleichen.

Die geplanten Interventionen zur Stärkung sozialer Kompetenzen und zur Verbesserung der Integration in Gleichaltrigengruppe mussten nicht durchgeführt werden, da es Fabian spontan gelang, Kontakte zur Gleichaltrigen wieder zu aktivieren und sind in seine natürliche Gleichaltrigengruppe gut zu integrieren.

Der regelmäßige Schulbesuch verläuft komplikationslos, so dass mit Fabian und seinen Eltern nach 50 Sitzungen eine bedarfsabhängige Wiedervorstellung vereinbart wird.

6 Katamnese

Vier Jahre nach Beendigung der Behandlung stellt Fabians Mutter sich in Begleitung von Fabians älterem Bruder vor. Als Vorstellungsanlass benennt sie die anstehende Trennung von ihrem Mann, der im Laufe der letzten Jahre eine schwere depressive Störung sowie Alkoholabhängigkeit entwickelt habe und mittlerweile untragbar für sie und ihre Söhne geworden sei. Insbesondere der ältere Bruder habe unter der Erkrankung des Vaters zu leiden. Fabian hingegen komme verhältnismäßig gut damit klar, habe zu keinem Zeitpunkt mehr Zwangssymptome gezeigt, obwohl die Söhne enormer Belastung ausgesetzt seien. Fabian berichtet, dass er fest in eine Clique integriert sei, mit der er viel unternehme. Er habe auch schon mehrere Freundinnen gehabt und sei sehr zufrieden mit den Gleichaltrigenbeziehungen.

Literatur

Arbeitsgruppe Deutsche Child Behavior Checklist (1998a). Fragebogen für Jugendliche: Deutsche Bearbeitung der Youth Self-Report Form der Child Behavior Checklist (YSR). Einführung und Anleitung zur Handauswertung. 2. Auflage mit deutschen Normen von M. Döpfner, J. Plück, S. Bölte, K. Lenz, P. Melchers & K. Heim. Köln: Arbeitsgruppe Kinder-, Jugend- und Familiendiagnostik (KJFD).

Arbeitsgruppe Deutsche Child Behavior Checklist (1998b). Elternfragebogen über das Verhalten von Kindern und Jugendlichen: Deutsche Bearbeitung der Child Behavior Checklist (CBCL 4–18). Einführung und Anleitung zur Handauswertung. 2. Auflage mit deutschen Normen von M. Döpfner, J. Plück, S. Bölte, K. Lenz, P. Melchers & K. Heim. Köln: Arbeitsgruppe Kinder-, Jugend- und Familiendiagnostik (KJFD).

Berg, C.Z., Rapoport, J.L. & Flament, M.F. (1986). The Leyton Obesessional Inven-

Kasuistiken

tory – Child Versions: norms from an epidemiological study. Journal of the American Academy of Child Psychiatry, 25, 84–91.

Döpfner, M. (1999). Zwangsstörungen. In H.-C. Steinhausen & M. von Aster (Hrsg.), Verhaltenstherapie und Verhaltensmedizin bei Kindern und Jugendlichen (2. Aufl., S. 271–326). Weinheim: Beltz PVU.

Döpfner, M. (2003). Zwangsstörungen. In G. Esser (Hrsg.), Lehrbuch der klinischen Psychologie und Psychotherapie des Kindes- und Jugendalters (2. Aufl., S. 243–262). Stuttgart: Enke.

Goodman, W.K., Rasmussen, S.A., Price, L.H., Mazure, C., Rapoport, J., Heninger, G.R. & Charney, D.S. (1986). Children's Yale-Brown-Obsessive Compulsive Scale (CY-BOCS). Unpublished scale.

Zaworka, W., Hand, I., Jauernig, G. & Lünenschloß, K. (1983). HZI. Hamburger-Zwangsinventar. Manual. Weinheim, Göttingen: Beltz Test GmbH.

Kommentar von Michael Schulte-Markwort

Die Kasuistik von Lydia Suhr-Dachs und Manfred Döpfner zeigt eindrucksvoll, wie Zwangssymptome im Rahmen einer intensiven verhaltenstherapeutischen Behandlung erfolgreich therapiert werden können. Auf der Grundlage einer differenzierten Verhaltensanalyse sowie einer vertrauensvollen Beziehung zu der Therapeutin kann sich der Patient auf eine Expositionsbehandlung einlassen. Unbestritten und unabhängig der theoretischen Fundierung der Entstehung von Zwangsstörungen zeigt diese Kasuistik einmal mehr, wie erfolgreich eine detaillierte, am Symptom arbeitende Behandlung sein kann.

Mit jeder anderen therapeutischen Technik wären der Patient und seine Familie bei der Frage einer konkreten Überwindung der Zwangssymptomatik wesentlich auf sich gestellt geblieben. Die Erfahrung einer ungefährlichen Überwindung der Symptome, in deren Rahmen der Patient erlebt, dass er seine intrapsychische Angst tatsächlich ohne Folgen für ihn überwinden kann, ist ein entscheidender Baustein in der Behandlung von kindlichen und jugendlichen Zwangssymptomen. Allerdings darf bei der Schwere und der Dauer der beschriebenen Symptomatik von Fabian nicht unterschlagen werden, dass eine wesentliche Grundlage der Behandlung auch durch die Gabe eines Antidepressivums geschaffen wird. Hätte man primär und ausschließlich psychotherapeutisch auf die Symptomatik reagiert, wäre ein Schulbesuch sicherlich nicht so schnell wieder möglich gewesen, es sei denn, man hätte sich auch hierfür für eine konfrontative, begleitende Psychotherapie in die Schule hinein entschlossen was sicherlich auch manchmal sinnvoll sein kann, logistisch in der Realität aber kaum möglich ist. Die tiefe Verstrickung der Familie in die Zwangssymptomatik ihres Sohnes sowie die Dauer der Erkrankung lassen es notwendig erscheinen, frühzeitig so zu intervenieren, dass zumindest in einem Lebensbereich der Schule eine schnelle Änderung eintritt und der Patient möglichst schnell wieder an den normalen Lebensvollzügen teilnehmen kann.

Kasuistiken

So sehr die Stärke der Verhaltenstherapie in dieser Kasuistik erfahrbar und beschrieben wird, so zeigt sich doch auch in der psychogenetischen Herleitung die Schwäche der Verhaltenstherapie. Auch wenn man der Verhaltensanalyse dahingehend folgen kann, wie sie die aktuellen die Symptomatik des Patienten aufrecht erhaltenden Verstärker und Verhaltensbedingungen aufzeigt, ist die ätiologische Herleitung doch nicht ganz überzeugend. So ist die Hypothese, dass der Patient eine Ablehnung durch andere erfahren hat, in der Anamnese durch die keinerlei Hinweise belegt es wird eher das Umgekehrte beschrieben, dass Fabian nämlich schon früh keine Andersartigkeit vertragen konnte. Geht man diesem frühen auffälligen Symptom nach, so wird deutlich, dass der Patient offensichtlich schon mit bestimmten Regulationsproblemen, wenn nicht -störungen zur Welt gekommen ist. So erfahren wir, dass er ein Schreikind gewesen sei. Hier hätte man sich gewünscht, dass noch mehr exploriert worden wäre, wie die unmittelbare Umwelt von Fabian, seine Eltern, darauf reagiert haben. Aus der Behandlung von Schreikindern wissen wir, welche enormen Anforderungen für Eltern daraus erwachsen und sich nicht selten massive Beziehungsprobleme einstellen. Die auch im Kleinkindalter beschriebenen Wutanfälle würde man dann dieser Regulationsstörungen zuschreiben, interpretationsbedürftig bleibt die Aussage der Eltern, dass Fabian schon früh „Zärtlichkeiten zuwider" waren. Ohne dieses überinterpretieren zu wollen und vor allem ohne einen direkten Zusammenhang zu der späteren Zwangssymptomatik herstellen zu wollen , kann man davon ausgehen, dass der Start in eine soziale Umwelt für Fabian von Beginn an durch Schwierigkeiten gekennzeichnet war. In der Folge erst entwickelt sich bei ihm eine schlechte soziale Integration und als Reaktion auf die erlebten sozialen Defizite eine verstärkte Anspruchshaltung den Eltern gegenüber. Es ist gut denkbar, dass die Eltern auf ihr Unvermögen, das Schreibaby erfolgreich zu beruhigen, mit Schuldgefühlen reagiert haben, die es ihnen von Beginn an schwer gemacht haben, Ansprüche ihres Sohnes angemessen zu integrieren oder auch bisweilen zurückzuweisen.

In dieser Dynamik ist es gut vorstellbar, dass sich bei Fabian in seinem Unvermögen, sich auf andere Menschen einzulassen, seine Wahrnehmung, dass Andersartigkeit für ihn schwierig zu akzeptieren war, kontinuierlich verstärkt hat, bis aus diesem „Unverträglichkeitsgefühl" sukzessive ein Ekelgefühl entstanden ist, das Fabian dann irgendwann nur noch über seine Zwangssymptome kontrollieren konnte.

Die Kasuistik von Lydia Suhr-Dachs und Manfred Döpfner ist ein hervorragendes Beispiel dafür, wie sich tiefenpsychologisches und verhaltensanalytisches Denken ergänzen könnten und sollten. Es ist kein Widerspruch, wenn man nach einem vertieften Verstehen einer Beziehungsgeschichte beziehungsweise aus einer Symptomatik primär oder ausschließlich das Verhalten eines Patienten und seiner Familie korrigiert es kann allerdings für die gesamte Familie noch hilfreicher sein, wenn ihnen ein hier nur rudimentär beschriebenes vertieftes Verständnis des Verlaufes ihrer Beziehungen sowie der Entstehung von Symptomen an die Hand gegeben wird.

13 Kasuistik III: Tiefenpsychologisch fundierte Behandlung einer Jugendlichen

Susanne Schlüter-Müller

Im nachfolgenden wird über die psychotherapeutische Behandlung einer zum Vorstellungsbeginn 17-jährigen Adoleszenten berichtet, die sich seit 2,5 Jahren bei mir in tiefenpsychologisch fundierter Psychotherapie befindet mit einem Setting von einer Therapiestunde pro Woche.

1 Erstkontakt

Anamnese. Die 17-jährige Patientin stellte sich bei mir mit einer Betreuerin einer Jugendamtseinrichtung vor, in der sie zum damaligen Zeitpunkt lebte. Als Vorstellungsgrund gab sie an, „ihr Leben nicht in den Griff zu bekommen", sie würde nur zu Hause rumhängen und nichts tun, die Schule habe sie abgebrochen, da sie es nicht schaffe, morgens aufzustehen. Auf der anderen Seite habe sie sich ein hohes Ziel gesetzt („ich will Staatsanwältin werden"), aber die morgendlichen Versuche, auch der Betreuer der Einrichtung, sie zum Schulbesuch zu bewegen, seien immer gescheitert. Die Patientin berichtete ferner, dass sie sich selbst wundern würde, wie wenig ihr Beziehungen bedeuten würden, und dass es keine Beziehung gäbe, die ihr wichtig erscheine, es käme ihr so vor, wie wenn Menschen für sie austauschbar wären. Auch die Betreuerin der Jugendamt-Einrichtung, die beim Erstgespräch mit dabei war, schilderte die Patientin als erschreckend kalt und distanziert. Des Weiteren wurde eine starke Konzentrationsproblematik mit starken Stimmungsschwankungen geschildert. Zur Vorgeschichte wurde berichtet, dass die Jugendliche aus einer sozial äußerst instabilen Familie stamme. Die Mutter hat fünf Kinder von vier verschiedenen Vätern, der leibliche Vater der Patientin ist Nordafrikaner. Die Mutter der Patientin stammt selbst auch aus katastrophalen Verhältnissen, ihre beiden Eltern sind schwere Alkoholiker. Die Mutter der Patientin hat unterdessen vom Jugendamt alle fünf Kinder abgenommen bekommen, diese sind in Pflegefamilien oder Heimen untergebracht. Obwohl das Jugendamt über viele Jahre in die Familie involviert war, blieb die Patientin bis zum Alter von 13 Jahren bei der Mutter, die sich zum damaligen Zeitpunkt bereits schon lange vom leiblichen Vater getrennt hatte und mit verschiedenen anderen Partner in der Zwischenzeit gelebt hatte. Einige Partner der Mutter waren drogen- oder alkoholabhängige Männer.

Eindruck der Patientin. In der Erstinterviewsituation erschien die Patientin sehr intelligent, jedoch kalt und distanziert. Sie schilderte ohne jegliche emotionale

Beteiligung die katastrophale Vorgeschichte, sie wirkte erstaunlich reflektiert, aber nicht im Kontakt zu irgendwelchen Gefühlen. In der Gegenübertragung stellte sich bei mir ein tiefes Gefühl von Trauer und Sorge ein, ich war überwältigt von dem Leid, das diese junge Frau bereits hinter sich hatte, und von Anfang an empfand ich mich als „Container" für die nicht gefühlten Affekte der Patientin.

2 Probatorische Sitzung

In der ersten probatorischen Sitzung wurde von mir angesprochen, wie stark eine psychotherapeutische Behandlung auch von der Beziehung von Patient und Therapeut abhängig ist und dass auch die Zuverlässigkeit der Einhaltung der Termine sehr stark davon abhänge, wie wichtig einem ein solcher Termin sei. Die Patientin schien überrascht und agierte auf rein kognitiver Ebene. Sie erwiderte, dass sie einfach Hilfe haben wolle, ihr Leben besser auf die Reihe zu kriegen, das sei ihr wichtig, nicht irgendeine Beziehung zu mir, denn „das ist ja schließlich nur Ihr Job, den Sie tun, das hat mit Beziehung ja wohl nichts zu tun". Auf Grund der schwierigen Vorgeschichte und meiner Wahrnehmung, dass bei der Patientin eine hohe Intelligenz vorliegt, wurde in meiner Praxis durch eine Psychologin eine Intelligenztestung durchgeführt, die einen IQ im obersten Durchschnittsbereich ergab.

3 Der weitere Therapieverlauf

Anamnese

In den folgenden Stunden schilderte mir die Patientin eine äußerst traumatische Kindheit, die noch bei Weitem das Erahnte der ersten beiden Stunden übertraf. Die Patientin wurde im Alter von 1,75 Jahren, weil die Mutter erneut schwanger war, von ihren Eltern ins Herkunftsland des Vaters zur Großmutter geschickt, die sie bis dato nicht kannte und deren Sprache sie auch nicht sprach. Sie lebte dann bis zum vierten Lebensjahr im Hause dieser Großmutter und wurde von den Eltern nicht ein einziges Mal besucht. Dann erfolgte eine unvermittelte Rückführung nach Deutschland, was eine zweite traumatische Trennungserfahrung bedeutete, und wohl deutliche Auffälligkeiten von Seiten des damals knapp fünfjährigen Kindes mit sich brachte. Sie kannte ihre Mutter nicht, diese war eine völlig fremde Person für sie, die Patientin sprach kein Wort Deutsch mehr und sie berichtete, ihr sei erzählt worden, dass die Mutter sie in keiner Weise verstanden habe, sie hätte wohl über Monate nur geschrien und die Mutter sei völlig überfordert gewesen und auch aggressiv geworden. Auch bei der Beschreibung dieser traumatischen Kindheitserlebnisse ist die Patientin kühl und distanziert ohne jede emotionale Regung. Wieder scheint sie überrascht und interessiert über meine Bestürzung zu sein, sie wirkt kognitiv interessiert und neugierig, als ich ihr erkläre, wie sich wohl ein zweijähriges und dann wiederum ein vierjähriges Kind gefühlt haben könnte, als es zum ersten und dann zum zweiten mal eine Mutter beziehungsweise eine vermeintliche Mutter verlor.

In weiteren Sitzungen berichtet die Patientin völlig affektisoliert von schwersten körperlichen Misshandlungen durch die Mutter. Dies seien auch die einzigen Male in ihrem Leben gewesen, an die sie sich erinnern könnte, geweint zu haben. Zweimal habe sie die Mutter so schwer geschlagen, dass sie mit einer Gehirnerschütterung und Verdacht auf eine Hirnquetschung in eine Klinik eingeliefert worden sei. Sie sei damals ungefähr sechs Jahre alt gewesen. Als Erklärung für diese schwere Misshandlung gab sie an, „ich war ein schwieriges Kind" und ferner „meine Mutter hatte eine schwere Kindheit, darum habe ich ihr verziehen". Auf die Frage, ob sie sich auch selbst leid tun könne, war sie sehr erstaunt und entgegnete „ich war ein herzloses Kind, das bin ich immer noch". Diese Art der Abwehr, die darin besteht, die Mutter zu schützen und sich, wie es typisch ist für misshandelte Kinder, selbst die Schuld zu geben, Erklärungen für die schweren Misshandlungen zu finden, die mit ihr zu tun hatten, ziehen sich bis zum heutigen Tage durch die Behandlung und erscheinen als ein Versuch „passiv zu aktiv" zu machen, um der Situation nur teilweise ausgesetzt zu sein. Wenn sie doch selbst schuld war an den Misshandlungen der Mutter, an der Vernachlässigung, an den Entbehrungen, so hatte sie zumindest nicht das Gefühl, ausgeliefert zu sein, sondern dies durch eigenes „Zutun" erzeugt zu haben.

Diagnose und Therapieplanung

Wegen dieser sehr schweren Traumatisierungen und meiner Einschätzung, dass es sich um eine zumindest beginnende Persönlichkeitsstörung handeln könnte, da die frühe Ich-Identitäts-Entwicklung gestört schien, schwere narzisstische Kränkungen durch wiederkehrende Traumatisierungen und Misshandlungen stattgefunden hatten und eine Objekt-Konstanz durch sich wiederholende Trennungen und Beziehungsabbrüche nicht entstehen konnte, entschloss ich mich zu einer Langzeitpsychotherapie nach dem Behandlungskonzept von Paulina Kernberg, das speziell für Jugendliche mit Persönlichkeitsstörung entwickelt wurde. Dies bedeutet ein spezielles Setting, in dem anfangs wenig genetische Deutungen gegeben werden, sondern Deutungen auf der interpersonellen Ebene im „Hier und Jetzt" und sehr stark am Affekt des Patienten gearbeitet wird (also z. B. weniger auf den Trauminhalt als viel mehr auf den Affekt beim Erzählen des Traumes fokussiert wird). Ebenfalls wird in diesem Setting eine einstündige, im Sitzen stattfindende Therapie vorgeschlagen, was ich auch durchführte, da dadurch die Nähe-Distanz-Regulierung durch die Patientin vorgenommen werden konnte und zudem zu befürchten war, dass sie, die sie so viel Angst vor zu viel Nähe hatte, bei einer höherfrequenten Psychotherapie eventuell die Behandlung abgebrochen hätte.

Probleme und Unterstützung. Obwohl ich der Patientin Therapiestunden um die Mittagszeit eingeräumt hatte, um ihrem morgendlichen Nicht-aufstehen-Können entgegen zu kommen, waren die ersten Wochen von ständigem Ausfall der Stunden durch Verschlafen geprägt. In den Stunden, die stattfanden, wurde von mir thematisiert, dass sie sich damit selbst wieder eine Entbehrung zufüge und sich etwas nähme, was ihr eigentlich gut täte. Die Patientin wünschte sich Unterstützung, da sie jedoch unterdessen in einer Verselbständigungsgruppe der Einrichtung lebte, konnte ihr kein Betreuer dabei helfen oder sie wecken. So entschied ich mich zu einem unterstützenden Verhalten meinerseits, indem in der Anfangszeit der Psychotherapie meine Arzthelferin die Patientin eine Stunde vor Therapiebeginn anrief und sie weckte und somit eine kontinuierliche Arbeit erst möglich wurde.

Die weitere Entwicklung

Am Anfang der psychotherapeutischen Behandlung bestätigte sich immer mehr die Diagnose einer beginnenden Persönlichkeitsstörung. In der ca. zehnten therapeutischen Sitzung beschrieb sie eine Situation, als sie zehn Jahre alt war und die Mutter sie nachts weckte, damit sie für diese Badewasser einlaufen lassen sollte. Auf meine Reaktion, wie ungeheuerlich es von einer Mutter sei, ein Kind deshalb zu wecken und dass man sich da fragen müsse, wer eigentlich das Kind und wer der Erwachsene gewesen sei, entgegnete sie: „Wieso, da war ich doch kein Kind mehr." Ich fragte sie, wann denn die Kindheit aufhören würde, und sie antwortete „mit sechs" und auf die Frage, wie alt sie denn dann gerne wäre, sagte sie: „Sechs, denn dann fängt die Verantwortung an." Ich fragte sie, ob sie das traurig machen würde, wenn sie sich heute überlegen würde, dass bei ihr die Kindheit schon mit sechs aufgehört hätte? Nein, dass würde sie nicht traurig machen, was denn daran traurig sein sollte? Als ich ihr meine Gegenübertragung mitteilte und ihr sagte, dass es dann wohl mich, stellvertretend für sie, traurig machen würde, war sie verwundert, „das gibt es doch nicht, dass jemand anderes meine Gefühle spürt und ich selbst nicht." Daraufhin erzählte sie aber, dass sie selbst erschrocken sei, dass sie nie Gefühle habe, als Kind sei sie jedoch manchmal überflutet gewesen von ganz schlimmen Gefühlen und jetzt seien diese wie abgeschnitten. Sie sei froh darüber, dass sie das nicht mehr so spüren würde wie als Kind, weil sich das ganz schrecklich angefühlt habe.

Abwehr. Nach dieser Therapiestunde folgten äußerst aggressive Stunden, in denen sie mich zum Teil außer sich vor Wut mit schrillem Schreien und zynischer Verachtung abkanzelte, mich als kindisch, bevormundend und überheblich bezeichnete. Meine Gegenübertragung wandelte sich vorübergehend in Enttäuschung, Wut, Ekel und Abgestoßen-Sein. Ferner fühlte ich eine deutliche Überforderung. In dieser Zeit war sie außerordentlich wahllos mit Männerbekanntschaften und begab sich damit in ständige Gefahr, was mich als Therapeutin wiederum in hohe Alarmbereitschaft versetze, auch weil sie nicht entsprechend verhütete beziehungsweise sich vor entsprechenden Ansteckungen schützte. Es entstand der Eindruck, dass sie Sexualität als Ersatz für Beziehung sah und agierte. Durch eine supervisorische Stützung in dieser besonders schwierigen Zeit der Therapie gelang es mir, in diesen Wochen ruhig zu bleiben und vor allen Dingen nicht mehr den Anspruch zu haben, sie verändern zu wollen. Offensichtlich beruhigte sie diese Haltung meinerseits so sehr, dass sie dann plötzlich rechtzeitig zu den Stunden kam, mit mir über ihre Zukunft reden wollte und plötzlich von mir wissen wollte, welche Form von Psychotherapie wir eigentlich machen würden. Sie habe eine Sendung über Psychoanalyse gesehen, das habe sie sehr interessiert und sie habe sich gefragt, ob das so etwas Ähnliches sei, was wir zusammen machen würden. Sie erzählte immer häufiger, dass sie unter ihrer Gefühllosigkeit leide und verstehen wolle, warum sie immer Dinge, die sie erinnerte, so ganz ohne Gefühle erinnern würde. Noch einmal gab ich ihr die Deutung, dass es ja sein könne, dass ich so etwas wie ein Container für ihre Gefühle sei. Dieses Mal war sie sehr nachdenklich und es schien, dass sie nun mehr damit anfangen konnte.

In dieser Zeit begann sie zu berichten, dass sie sich seit Jahren eine Scheinwelt aufgebaut habe, in dem sie sich in Geschichten hineinversetze, die sie gelesen oder in Filmen gesehen habe und zum Schluss selbst die Protagonistin dieser Geschichten sei. In diesen Geschichten ginge es um die Biographien anderer Menschen, die ein noch schlimmeres Schicksal hätten als sie, „um Trauma-Opfer, hungernde Kinder, um entführte Kinder", und nie dürften diese Bücher einen guten Ausgang nehmen, denn „dass gibt es im richtigen Leben ja auch nicht." Mit diesen Protagonistinnen könnte sie dann mitfühlen, deren Leid würde sie erschüttern, sie würde weinen über deren schweres Leben.

In dieser Phase der Therapie war sie erstmalig besorgt um ihren Körper, der ihr vorher völlig egal war. Sie ließ sich bei einer Hausärztin komplett untersuchen und auch einen Aids-Test machen. Sie zeigte erste Zeichen einer Dankbarkeit gegenüber der Jugendamtseinrichtung und was die Betreuer dort für sie taten. Es gab Stunden in denen sie darüber trauerte, dass sie diese Art von Versorgung nicht früher bekommen hatte. In dieser Zeit begann die Patientin sich intensiv um ihre alten Großeltern zu kümmern, die beide schwere Alkoholiker sind und dennoch für das Mädchen in der Kindheit eine große Stütze darstellten, weil bei ihnen der einzige Ort war, wo es regelmäßig Essen gab, ab und zu Taschengeld und eine gewisse Regelmäßigkeit stattfand.

Immer häufiger berichtete sie über frühere schwere Beschämungen durch die Mutter, z. B. durch deren öffentliche aggressive Auftritte oder die völlig chaotische und verdreckte Wohnung, „in die man ja nie andere Kinder einladen konnte." Einmal habe die Mutter sie öffentlich verhöhnt, weil sie mit vierzehn ihre Menstruation noch nicht hatte, woraufhin sie das Gefühl hatte, dass bei ihr etwas nicht normal sei und dass sie vielleicht gar keine richtige Frau sei. Sie habe damals gedacht, vielleicht sei sie ja gar kein Mädchen sondern nur ein Zwitter und nur nach außen ein Mädchen und innen nicht. Dies habe sie niemandem gesagt, da sie wusste, dass man lieber als Kind nicht krank sein sollte oder wenn, es der Mutter zumindest nicht zeigen durfte, „denn das gab immer Ärger." Einmal sei sie richtig krank gewesen, mit hohem Fieber, und ihre Mutter habe das „praktisch" gefunden „denn dann konnte ich ja auf meine kleinen Brüder aufpassen." Ein anderes Mal habe sie eine Gehirnerschütterung gehabt, weil sie vom Hochbett gefallen war, und zur Strafe schloss die Mutter sie den ganzen Nachmittag ins Zimmer ein und ging weg. Auch in diesem Zusammenhang schützte sie die Mutter wieder: „Die wollte uns halt nie in Watte packen, das finde ich auch gut."

Langsamer Beziehungsaufbau. Die erste entscheidende Entwicklung der Psychotherapie war, dass die Patientin zunehmend regelmäßiger zu ihren Terminen erschien, ohne von uns angerufen zu werden. In der ca. 30. Stunde, als sie wieder einmal die Stunde verschlafen und von unserer Praxis aus angerufen werden musste, weinte sie am Telefon darüber, dass es ihr immer wieder passieren würde, *obwohl ihr doch die Stunden wichtig seien.* Dieser behutsam beginnende Beziehungsaufbau zu mir machte ihr anfangs so starke Angst, dass sie diese Beziehung immer wieder zerstören musste, indem sie mit schwersten Schimpftiraden und verbal aggressiven Angriffen die Beziehung auf die Probe stellte. Sie war leicht reizbar, explodierte bei fast jeder Deutung, in dem sie mir vorwarf, dass ich mir wohl einbilden würde zu wissen, wie es ihr ginge, schützte die Mutter bei jeder Kritik meinerseits und nahm alle Schuld auf sich: „Ich war halt zu blöd, mich zu wehren, da bin ich doch wohl selber Schuld." Meine Deutung, dass die enorme Wut von heute vielleicht eine frühere Wut sei, versetzte sie in Erstaunen und führte eine Beruhigung herbei.

In dieser Zeit unterstützte ich sie aktiv bei dem Vorhaben, ihren Realschulabschluss nachzuholen, und sie erhielt einen Platz an der Abendrealschule. Trotz großer Freude über diesen Schulplatz hatte sie auch Angst, erneut zu scheitern, wie mehrmals zuvor. Sie erzählte viel von ihrer Schulerfahrung als Kind, dass die Mutter ihr die Hefte nicht gekauft habe, dass sie dann in der Schule gesagt habe, sie habe sie vergessen, und dafür Ärger bekommen habe. Sie sei ein schusseliges und chaotisches Kind, unorganisiert und vergesslich gewesen und habe dafür viele Schläge bekommen. Als Kind habe sie einmal gehört, dass ein Kind, wenn es eine Lungenentzündung habe, ins Krankenhaus kommen würde. Sie war damals ungefähr sieben Jahre alt und dacht sich „wie wunderbar, da will ich hin, da werde ich nicht geschlagen, bekomme immer was zu Essen und bin auch nie allein." Daraufhin habe sie sich mit nassen Haaren und ohne Jacke in den Regen gestellt, aber „leider hat es nicht geklappt, nicht mal einen Schnupfen habe ich bekommen."

Medikation. Durch ihre massiven Konzentrationsprobleme, ihre leichte Ablenkbarkeit und ihr mangelndes Zutrauen in ihre Fähigkeiten drohte, trotz großer Motivation ihrerseits, das Vorhaben des Realschulbesuches, wie schon bei zwei ähnlichen Versuchen zuvor, zu scheitern. So entschloss ich mich, sie medikamentös mit Methylphenidat zu unterstützen, was einen durchschlagenden Erfolg und eine enorme Wandlung in der therapeutischen Beziehung mit sich brachte. Sie war von nun an eine ausgesprochen gute Schülerin, immer Klassenbeste, war ehrgeizig, erfreute sich sehr an ihrem Erfolg und fiel den Lehrern sofort als besonders begabte junge Frau auf. Die Patientin konnte in fast dankbarer Haltung sehen, dass sie auch der haltenden therapeutischen Beziehung viel zu verdanken hatte, was ein ungeheuerer Fortschritt war, da ihre Autarkiebemühungen ganz zentral darin bestanden, nie abhängig beziehungsweise dankbar jemand anderem gegenüber sein zu müssen. Ihre Abwehr der Beziehungswünsche durch Aggression und Projektion wandelte sich zunehmend in eine introspektionsfähige Haltung, ihre Widerstände gegenüber behutsamen genetischen Deutungen wurden deutlich weniger.

Ein weiterer großer Fortschritt der therapeutischen Behandlung bestand darin, dass sie sich erstmals in einen Mitschüler verliebte, und sich Zeit lassen konnte, um diese Beziehung oder Verliebtheit zu entwickeln. Meine entsprechende Deutung konnte sie sofort annehmen und sich über diese Interpretation freuen.

Nach ca. 80 Stunden Psychotherapie war die zunehmende Fähigkeit der Patientin, ein Abhängigkeitsgefühl wahrzunehmen und stehen zu lassen, ohne es sofort entwerten zu müssen, deutlich. Die therapeutischen Sitzungen wurden immer wichtiger, Therapiepausen machten ihr zu schaffen und sie hatte immer häufiger mit sehr traurigen Phasen zu tun, da sie sehr viel mehr Kontakt zu sich und ihren Gefühlen und dem großen Gefühl der Einsamkeit hatte. Sie begann zunehmend zu somatisieren und erkannte auch mit viel Schmerz, wie wenig sie in diesen körperlichen Ängsten als Kind wahrgenommen und unterstützt worden war. In der Beziehung zur mir hatte sich eine deutliche Nähe eingestellt, die Patientin konnte sagen, was ihr früher unmöglich gewesen wäre, dass sie sich vorstellen könne, dass ich mich **wirklich** für sie interessiere und nicht nur, weil ich Geld dafür bekäme. Sie begann mehr und mehr, die schweren Entbehrungen und Traumata ihrer Kindheit zu betrauern und Phantasien zu entwickeln, wie sie es an eigenen Kindern als eine Art Wiedergutmachung vielleicht anders machen könnte. In dieser Zeit stellten sich zunehmend depressive Phasen ein, die Patientin tat sich verständlicher Weise schwer, diese als Fortschritt und Gefühlserweiterung zu sehen, sondern war wütend darüber und wollte diese Gefühle wieder los sein. Die Zeiten, in denen sie über das Schicksal der Protagonistinnen ihrer Romane bitterlich weinen konnte, wichen einer Zeit, in der sie immer mehr diese traurigen Phasen mit ihrer eigenen Biographie in Verbindung bringen konnte, Trauer über frühere Entbehrungen wahrnahm und sich zurücksehnte nach einer Zeit, in der „auch mal für mich gekocht oder ein Kindergeburtstag gefeiert wird."

Ab diesem Zeitpunkt tauchten in der Therapie kaum noch aggressive Durchbrüche auf und auch die Kontakte zu ihren wenigen Freunden außerhalb der Schule waren von weniger heftigen Emotionen und Streiten geprägt. Sie bemerkte dies selbst und sah den Grund in der großen Bestärkung, die sie durch die guten Leistungen in der Schule bekam. Als ich ihr in dieser Zeit spiegelte, dass sich bei ihr unterdessen doch vieles zum Guten gewendete habe, was sie ja früher, wie in den Büchern, so auch im Leben, nicht für möglich gehalten habe und was denn ihre Träume für die Zukunft seien, entgegnete sie, dass sie keine Träume habe, sie könne nicht lieben, sei noch nie wirklich geliebt worden und wisse gar nicht, wie sich das anfühlt. Zum ersten Mal sei sie traurig darüber, dass sie so wenig Zugang zu ihren Gefühlen hätte. Dann besann sie sich doch und wusste plötzlich einen Wunsch für die Zukunft, in dem viel Hoffnung mitschwang: Sie wünsche sich, einmal eine gute Mutter zu sein!

4 Aktuelle Situation

Wir befinden uns nun im dritten Jahr der psychotherapeutischen Behandlung und die Patientin kommt fast immer pünktlich zu ihrer Therapie, manchmal sitzt sie sogar vor Therapiebeginn vor meinem Zimmer. Falls sie verschläft und zu spät kommt, tut es ihr sehr leid und sie bedauert es, dann so wenig Zeit zu haben.

Zum Ende des letzten Schuljahres schrieb sie eine Hausarbeit, deren Titel sie selbst wählen durfte und die die Biographie und die wesentlichen Werke Freuds zum Inhalt hatte und mit „sehr gut" bewertet wurde! Ihr Zeugnis war exzellent und es wurde ihr von den Lehrern vorgeschlagen, auch das Abitur noch nachzuholen. Zurzeit nehmen die Ängste um ihren Körper wieder mehr zu, sie hat Angst, eine schwere Krankheit zu haben und damit ganz allein zu sein: „Niemand würde mich finden, wenn ich umkippen würde." Sie zieht sich momentan sozial sehr zurück, ihre soziale Scheu wird immer größer und sie hat Angst zu vereinsamen. Die einzige Zeit, in der sie aus dem Haus geht, ist um zur Schule oder zur Therapie zu gehen, ansonsten ist sie viel und gerne allein, was eine große Veränderung zu früher darstellt, als sie tage- und nächtelang mit anderen eher dissozialen Jugendlichen „rumhing". Ihre Abwehrmechanismen haben sich völlig verändert, das frühere Projizieren und ihre Wahrnehmung dadurch, dass immer die anderen an allem Schuld sind, ist einer fast quälenden Selbstkritik und schnellen Beschämung gewichen. Sie spürt, wie schwer es für sie ist, in der Therapie durch ein tiefes Tal der Trauer zu gehen, und tut sich schwer mit der Hoffnung, aus diesem Tal gesünder und befreiter hervorzugehen. Manchmal begehrt sie fast trotzig dagegen auf, indem sie wütend ist über die Trauer: „Früher war früher und es bringt mir gar nichts, wenn ich jetzt auch noch durchhänge, dann war mein früheres Leben scheiße und mein jetziges ist es auch." Die Deutung, dass diese Gefühle aber in ihr seien und sich immer wieder zu Wort melden würden und nur so als Teil ihres Selbst integriert werden könnten, versteht sie, auch dass der frühere Preis des Nicht-Spüren-Könnens hoch war. Sie spürt plötzlich Angst, „ein Gefühl, dass ich noch nie gehabt habe", und sie sagt „Angst konnte ich nie spüren, ich konnte es nur erfassen, aber spüren konnte ich es nie. Ganz früher als Kind war ich manchmal fast ohnmächtig vor Angst. Ich wachte nachts auf und konnte mich vor Angst nicht mehr bewegen, aber wenn ich das meiner Mutter erzählt hätte, hätte ich solchen Ärger gekriegt." Meine Deutung, dass sie dann diese Gefühle von sich abgespalten habe um sie nicht mehr spüren zu müssen, kann sie annehmen und dass es diese Ängste sind, die nun hoch kommen und sich zu Wort melden auch. In einer der letzten Stunden sagte sie: „Das fühlt sich aber so schlimm an, dann lieber keine Gefühle haben, als diese, die jetzt kommen."

Perspektive. Die Patientin wünscht noch eine langfristige weitere therapeutische Betreuung, so dass davon ausgegangen werden kann, dass ich sie ins Erwachsenwerden begleiten kann und sie neben der traumatischen frühen Beziehungserfahrung eine neue Erfahrung machen konnte, die ihr gezeigt hat, dass Beziehung nicht immer weh tut, traumatisch und mit Angst und Schrecken verbunden ist.

Kommentar von Eva Möhler • Franz Resch

Die vorliegende Kasuistik schildert den therapeutisch außerordentlich herausfordernden Fall einer 17-jährigen Patientin mit den Symptomen einer beginnenden Persönlichkeitsstörung, in deren Rahmen schwere Beziehungsstörungen und eine alle Alltagsverrichtungen (z. B. Schulbesuch) schwer beeinträchtigende Strukturlosigkeit dominieren. Die – derzeit noch laufende, tiefenpsychologisch fundierte – Therapie wurde mit einer Frequenz von einer Sitzung pro Woche durchgeführt und umfasste bisher den Zeitraum von 2,5 Jahren.

Diese beiden Aspekte stellen einerseits das erklärte Ziel der tiefenpsychologisch fundierten Therapie dar, sind gleichzeitig aber auch das größte Hindernis für diese, im Sinne von mangelnder Termin-Compliance, aber auch durch die schweren affektiven Dysregulationen im Umgang mit dem Therapeuten, die zum Beziehungsaufbau dazugehören, diesen aber gleichzeitig insbesondere bei mangelnder Reflektion erheblich gefährden können. Dabei illustriert dieser Beitrag einen besonders eindrücklichen Lösungsansatz für dieses „ubiquitäre" therapeutische Problem im Sinne des „Kernbergschen Modells", welches die Ängste des persönlichkeitsgestörten Patienten vor Ausgeliefertsein und Kontrollverlust durch zu viel Nähe berücksichtigt und vorrangig die Beziehungsarbeit im Hier und Jetzt thematisiert.

Das starke Vorherrschen dissoziativer Tendenzen, ebenso wie die Rollenumkehr im Sinne einer Identifikation mit dem Aggressor oder einer Aktiv-Passiv-Umwandlung könnte auch differentialdiagnostisch an das Vorliegen einer Posttraumatischen Belastungsstörung denken lassen (s. a. z. B. Brunner et al., 2000). In diesem Rahmen sind insbesondere dissoziative Tendenzen charakteristisch (Kirby et al., 1993; van der Kolk et al., 1991). Die Posttraumatische Belastungsstörung (PTSD) umfasst nach DSM-IV (American Psychiatric Association, 1994) außerdem auch Alpträume, Fremdheitsgefühle, Hypervigilanz, Flash-backs,

Schreckhaftigkeit und Schlafstörungen. Hypervigilanz und Flashbacks sind bei dieser Patientin weniger vorherrschend und der beschriebene Primat der therapeutischen Strukturarbeit (z. B. Wecken zu den Terminen) weist auf die mindestens zusätzlich vorhandenen strukturellen Defizite hinweisen.

Der Beitrag beschreibt ein zentrales Problem in der Arbeit mit Jugendlichen und ist daher besonders wertvoll, auch für Therapeuten, die nicht tiefenpsychologisch arbeiten, weil er die strukturellen Aspekte auch für andere Therapieformen umsetzbar verdeutlicht und die Gegenübertragungsreaktionen wie Wut, Hilflosigkeit und Resignation – von denen ja nicht nur tiefenpsychologisch arbeitende Therapeuten befallen werden thematisiert. Hier wird ein Modell beschrieben, wie diese Gegenübertragungsmechanismen ins therapeutische Handeln jedweder Professionalität integriert werden können.

Das im beschriebenen Fall zusätzliche Vorliegen einer Aufmerksamkeitsstörung kann als Komorbidität, aber auch als Epiphänomen des traumatischen Stresses betrachtet werden, wie es sich in ersten Untersuchungen andeutet (z. B. Gunnar & Fisher, 2006). Dieser Beitrag verdeutlicht zudem den Einfluss einer medikamentösen Intervention, der sich in diesem Fall als wohltuend erwiesen hat und somit auch mit Abstinenzregeln der strengeren psychoanalytischen Theorien bricht, weil diese Intervention – aufgrund des durchschlagenden medizinischen Erfolges und der notwendigen Indikation – beziehungsbildend war. Das manchmal in solchen Situationen zu beobachtende Phänomen, dass die Medikation zum zusätzlichen Agierfeld wird, trat nicht auf, vermutlich weil der Zeitpunkt der Intervention so gewählt war, dass bereits eine stabile Beziehungsgrundlage vorlag.

Die Therapie kann als sehr erfolgreich bezeichnet werden, wenngleich eine Restsymptomatik bestehen bleibt, so ist doch der Patientin eine befriedigende Schullaufbahn möglich und somit eine Grundvoraussetzung für weitere persönliche Entwicklung gelegt. Ein solcher Therapieerfolg ist durchaus nicht die Regel für so schwer gestörte Patienten, insbesondere nach einer so hochtraumatischen Biographie wie im vorliegenden Fall. In diesem Rahmen müssen die gute Intelligenz der Patientin als prognostisch günstiger Faktor hervorgehoben werden und auch die Tatsache, dass keine Selbstverletzungen und Suizidversuche als Ausdruck noch tiefer gehender Desintegration beschrieben werden. Als ein wesentlicher Therapieerfolg muss dabei hervorgehoben werden, dass es gelang, die pervasive Dissoziation der Patientin zu thematisieren, und in langsamer und stetiger Arbeit eine Auflockerung der massiven Affektabspaltung zu erzielen. Dieser Erfolg konnte allerdings nur auf der Grundlage einer extrem tragfähigen therapeutischen Beziehung erarbeitet werden, da die Patientin nur dadurch bereit war, das für sie zunächst entstehende „Minus-Geschäft" (unangenehme Gefühle zu haben anstelle von gar keinen) einzugehen.

Somit macht dieser Beitrag Mut, sich auch schwierigen Patienten tiefenpsychologisch therapeutisch anzunehmen und hier sowohl konzeptualisierte, als auch patientenbezogen individualisierte Aspekte zu integrieren.

Literatur

American Psychiatric Association (1994). Diagnostic and statistical manual of mental disorders DSM-IV. Washington, DC: APA.

Brunner, R., Parzer, P., Schuld, V. & Resch, F. (2000). Dissociative symptomatology and traumatogenic factors in adolescent psychiatric patients. Journal of Nervous and Mental Disease, 188, 71–7.

Gunnar, M.R. & Fisher, P.A. (2006). The Early Experience, Stress, and Prevention Network.: Bringing basic research on early experience and stress neurobiology to bear on preventive interventions for neglected and maltreated children. Journal of Development and Psychopathology, 18, 651–677.

Kirby, J.S., Chu, J.A. & Dill, D.L. (1993). Correlates of dissociative symptomatology in patients with physical and sexual abuse histories. Comprehensive Psychiatry, 34, 258–63.

Van der Kolk, B., Perry, J.C. & Herman, J.L. (1991). Childhood origins of self-destructive behavior. American Journal of Psychiatry 148, 1665–1671.

Kasuistiken

Anhang

Autorenverzeichnis

PD Dr. Romuald Brunner
Universitätsklinikum Heidelberg
Zentrum für psychosoziale Medizin
Klinik für Kinder- und Jugendpsychiatrie
Blumenstr. 8
D-69115 Heidelberg
E-Mail: romuald.brunner@med.uni-heidel-
berg.de

Prof. Dr. Manfred Döpfner
Klinik und Poliklinik für Psychiatrie und
Psychotherapie des Kindes- und Jugendal-
ters am Klinikum der Universität Köln
Robert-Koch-Str. 10
D-50931 Köln
E-Mail: manfred.doepfner@uk-koeln.de

Dipl.-Psych. Michael Erhart
Universitätsklinikum Hamburg-Eppendorf
Zentrum für Geburtshilfe, Kinder- und
Jugendmedizin
Klinik und Poliklinik für Kinder- und
Jugendpsychosomatik
Martinistr. 52
D-20246 Hamburg
E-Mail: m.erhart@uke.uni-hamburg.de

Dr. Hans Hopf
Seebachweg 14
D-74395 Mundelsheim
E-Mail: dr.hans.hopf@t-online.de

PD Dr. Eva Möhler
Asklepios Fachkliniken Brandenburg GmbH
ChÄ Klinik für Kinder- und Jugend-
psychiatrie
Asklepios Fachklinikum Lübben
Luckauer Str. 17
D-15907 Lübben
E-Mail: e.moehler@asklepios.com

Prof. Dr. Ulrike Ravens-Sieberer
Universitätsklinikum Hamburg-Eppendorf
Zentrum für Geburtshilfe, Kinder- und
Jugendmedizin
Klinik und Poliklinik für Kinder- und
Jugendpsychosomatik
Martinistr. 52
D-20246 Hamburg
E-Mail: ravens-sieberer@uke.uni-
hamburg.de

Prof. Dr. Franz Resch
Klinikum der Universität Heidelberg
Zentrum für psychosoziale Medizin
Klinik für Kinder- und Jugendpsychiatrie
Blumenstr. 8
D-69115 Heidelberg
E-Mail: franz_resch@med.uni-heidelberg.de

Dr. Susanne Schlüter-Müller
Wolfsgangstr. 68
D-60322 Frankfurt
E-Mail: schluetermueller@yahoo.de

Prof. Dr. Michael Schulte-Markwort
Universitätsklinikum Hamburg-Eppendorf
Zentrum Frauen-, Kinder- und Jugend-
medizin
Klinik und Poliklinik für Kinder- und
Jugendpsychosomatik
Martinistr. 52
D-20246 Hamburg
E-Mail: schulte.markwort@uke.uni-ham-
burg.de

Dr. Annette Streeck-Fischer
Krankenhaus für Psychotherapie und
psychosomatische Medizin
Abt. Klinische Psychotherapie des Kindes-
und Jugendalters
NLKH Tiefenbrunn
D 37124 Rosdorf
E-Mail: annette.streeck@t-online.de

Dr. Lydia Suhr-Dachs
Ausbildungsinstitut für Kinder- und Jugend-
lichenpsychotherapie (AKiP)
an der Universität Köln
Robert-Koch-Str. 10
D-50931 Köln
E-Mail: akip-ambulanz@uk-köln.de

Lic. phil. Kerstin Westhoff
Kinder- und Jugendpsychiatrische Klinik
Schaffhauserrheinweg 55
CH-4058 Basel
E-Mail: kerstin.westhoff@upkbs.ch

Dipl.-Psych. Nora Wille
Universitätsklinikum Hamburg-Eppendorf
Zentrum für Geburtshilfe, Kinder- und
Jugendmedizin
Klinik und Poliklinik für Kinder- und
Jugendpsychosomatik
Martinistr. 52
D-20246 Hamburg
E-Mail: nora.wille@uke.uni-hamburg.de

Wissenschaftlicher Beirat

Prof. Dr. Dieter Bürgin
Gundeldingerstr. 175
CH-4053 Basel

Prof. Dr. Manfred Döpfner
Klinik und Poliklinik für Psychiatrie und
Psychotherapie des Kindes- und Jugend-
alters am Klinikum der Universität Köln
Robert-Koch-Str. 10
D-50931 Köln
E-Mail: manfred.doepfner@uk-koeln.de

Prof. Dr. Beate Herpertz-Dahlmann
Universitätsklinikum
Klinik für Kinder- und Jugendpsychiatrie
und -psychotherapie
Neuenhofer Weg 21
D-52074 Aachen
E-Mail: bherpertz-dahlmann@ukaachen.de

Prof. Dr. Ulrike Lehmkuhl
Klinik für Psychiatrie, Psychosomatik und
Psychotherapie des Kindes- und Jugend-
alters
Universitätsmedizin Berlin
Charité, Campus Virchow Klinikum
Augustenburger Platz 1
D-13353 Berlin
E-Mail: ulrike.lehmkuhl@charite.de

Prof. Dr. Inge Seiffge-Krenke
Psychologisches Institut
Johannes-Gutenberg-Universität Mainz
Staudingerweg 9
D-55099 Mainz
E-Mail: seiffge@psych.uni-mainz.de

Prof. Dr. Andreas Warnke
Klinik und Poliklinik für Kinder- und
Jugendpsychiatrie und Psychotherapie
Julius-Maximilians-Universität Würzburg
Füchsleinstr. 15
D-97080 Würzburg
E-Mail: warnke@kjp.uni-wuerzburg.de

Anhang

Sachwortverzeichnis

Anhang

Anhang

Kinder und Jugendliche wirkungsvoll behandeln

Schulte-Markwort • Resch (Hrsg.)

Methoden der Kinder- und Jugendlichenpsychotherapie

Einführung

BELTZPVU

Michael Schulte-Markwort •
Franz Resch (Hrsg.)
Methoden der Kinder- und Jugendlichenpsychotherapie
Einführung
2008. IX, 166 Seiten. Gebunden.
ISBN 978-3-621-27654-2

Welche anerkannten Therapien gibt es im Bereich der Kinder- und Jugendlichenpsychotherapie? Eine schnelle und informative Einführung in 12 grundlegende Formen der Kinder- und Jugendlichenpsychotherapie, vorgestellt von renommierten Fachleuten.

Aus dem Inhalt:
▶ Kinderverhaltenstherapie
▶ Kinder- und Jugendlichen-Psychoanalyse
▶ Systemische Therapie
▶ Familientherapie
▶ Spieltherapie
▶ Musiktherapie
▶ Individualpsychologie
▶ Integrative Kinder- und Jugendlichenpsychotherapie
▶ Kunsttherapie
▶ Entspannungsverfahren
▶ Psychodrama
▶ EMDR

Ergänzt werden die Kapitel durch die „Leitlinie für die Grundlagen der Psychotherapie im Fachgebiet der Kinder- und Jugendpsychiatrie, Psychosomatik und Psychotherapie".

Verlagsgruppe Beltz • Postfach 100154 • 69441 Weinheim • www.beltz.de